This Book Comes With Free Bonus Puzzles
Available Here:

BestActivityBooks.com/WSBONUS20

5 TIPS TO START!

1) HOW TO SOLVE

The Puzzles are in a Classic Format:

- Words are hidden without breaks (no spaces, dashes, ...)
- Orientation: Forward & Backward, Up & Down or in Diagonal (can be in both directions)
- Words can overlap or cross each other

2) ACTIVE LEARNING

To encourage learning actively, a space is provided next to each word to write down the translation. The **DICTIONARY** allows you to verify and expand your knowledge. You can look up and write down each translation, find the words in the Puzzle then add them to your vocabulary!

3) TAG YOUR WORDS

Have you tried using a tag system? For example, you could mark the words which have been difficult to find with a cross, the ones you loved with a star, new words with a triangle, rare words with a diamond and so on...

4) ORGANIZE YOUR LEARNING

We also offer a convenient **NOTEBOOK** at the end of this edition.
Whether on vacation, travelling or at home, you can easily organize your new knowledge without needing a second notebook!

5) FINISHED?

Go to the bonus section: **MONSTER CHALLENGE** to find a free game offered at the end of this edition!

Want more fun and learning activities? It's **Fast and Simple!**
An entire Game Book Collection just **one click away!**

Find your next challenge at:

BestActivityBooks.com/MyNextWordSearch

Ready, Set... Go!

Did you know there are around 7,000 different languages in the world? Words are precious.

We love languages and have been working hard to make the highest quality books for you. Our ingredients?

A selection of indispensable learning themes, three big slices of fun, then we add a spoonful of difficult words and a pinch of rare ones. We serve them up with care and a maximum of delight so you can solve the best word games and have fun learning!

Your feedback is essential. You can be an active participant in the success of this book by leaving us a review. Tell us what you liked most in this edition!

Here is a short link which will take you to your order page.

BestBooksActivity.com/Review50

Thanks for your help and enjoy the Game!

Linguas Classics Team

1 - Antiques

ឧ ន ៗ ប ់ ទ ុ ម ប ទ ម ដ គ ក
ន ង ខ ឡ ឧ ណ ជ ច ក ត ង េ ុ ៗ
ហ យ រ ជ រ ហ យ ន ់ រ ស ញ រ រ
រ ត ុ ស ច ម ុ ល ា ក ់ ថ ៀ រ
ស ិ ថ គ ក គ ត ៃ ក ា រ ុ ង ិ
ថ ព យ ស ំ យ ឡ ុ ឧ ង ិ ល ស ន
យ ច ៗ ស ់ ន ន ម ច ុ ច ៃ ង ិ
ត ន ឧ ទ ប ជ ុ ត ទ ល ិ ខ ុ យ
ស គ ុ ណ ភ ា ព រ ធ អ ត ត ហ ៗ
គ ិ គ ឡ ស ន ើ ន ៗ ង ុ ត ា គ
គ ង ល ហ រ រ ន គ ត រ រ រ ម
ត ក ុ ុ ម ម ណ គ ុ ៀ ស ន ឺ ត
ណ ុ ម ណ ប ទ ទ យ រ ុ ៗ ស ម ដ
ន ថ ម ឡ អ ៈ ស ស ថ គ ល ច ព ទ

សិល្បៈ	ការវិនិយោគ
ដេញថ្លៃ	ជាតុ
ពិត	គ្រឿងអលង្ការ
ក្បៀ	ចាស់
កាក់	គំនូរ
មូល	តម្លៃ
តុ	គុណភាព
ដើរ	ចម្លាក់
គ្រឿងសង្គារីម	នាឡិទ
វិចិត្រសាល	

2 - Food #1

ទ	ឺ	ក	ជ	ោ	ៈ	គ	ៅ	ស	ក	ជ	យ	ធ	ស
ហ	ឺ	ស	ុ	៣	ៃ	ជ	ស	ុ	ៅ	ស	ឺ	ុ	ឺ
ថ	ថ	ុ	ល	ុ	ម	ុ	ត	ក	រ	ណ	ន	ណ	ឺ
អ	រ	ក	ផ	អ	យ	ប	ច	រ	ឹ	ុ	ណ	ៅ	ន
ហ	ក	ល	គ	ព	ឡ	ម	ទ	ន	ឹ	ត	ត	ក	ណ
ណ	យ	ល	ត	ឱ	ន	យ	ឺ	ព	ត	ៃ	ជ	ល	ៅ
ទ	ន	អ	ន	រ	ស	ជ	ក	ល	អ	ក	ឡ	ច	ម
ស	ុ	ត	ុ	រ	ប	ៅ	ៅ	រ	ឺ	ជ	ស	ហ	ឺ
ខ	ុ	ទ	ឺ	គ	គ	ុ	ម	ម	ល	ឺ	ៅ	ប	ុ
ប	ទ	ឱ	ច	អ	ណ	ទ	ៅ	ឱ	ក	ផ	ឡ	អ	ន
ឱ	ឥ	ឥ	រ	ន	យ	យ	ន	ស	ម	ុ	ៅ	ំ	គ
ប	ក	ុ	រ	ុ	ច	ន	ុ	ម	ៅ	ល	ណ	ប	គ
យ	រ	ម	ណ	ច	ម	ស	ហ	រ	ទ	ៃ	ម	ឹ	យ
យ	ស	ច	រ	យ	ឡ	យ	គ	ថ	ថ	ប	រ	ល	ហ

ឆ្នុក	សណ្ដែកដី
ប្រាលី	ផ្លែ
ដូង	សាឡា
ការ៉ុត	អំបិល
សិនណាម៉ុន	ស៊ីប
ទឹកឃ្មុំ	ស្ជើ
ក្រូចឆ្មា	ស្ត្របើរី
ទឹកដោះគោ	ស្ករ
គុំ	ធ្មណា
	ស្ដ

3 - Measurements

គ	ឱ	ឃ	គ	គ	ប	ប	ទ	ស	ភ	ា	គ	ជ	គ
ម	អ	ឆ	ណ	ន	ី	ែ	រ	ប	ច	ជ	ប	ម	ី
ឱ	៉	ន	ា	ទ	ី	ឡ	ក	ដ	ជ	ឃ	្	្	ឡ
ម	ច	ែ	ស	ឱ	ិ	ប	ូ	ង	ទ	ម	រ	រ	ូ
ឡ	ជ	ហ	ប	ម	អ	ន	រ	ក	ម	ឧ	វ	ៅ	ម
ជ	ហ	ក	ម	ប	ដ	ត	ម	ិ	្	ឱ	ែ	ព	៉
ត	ថ	ត	ឆ	ឡ	ឡ	ហ	ដ	ម	ម	រ	ង	ក	ែ
ស	ញ	្	ញ	ា	ប	័	ត	្	រ	ា	ា	ប	ត
់	ម	គ	ដ	ហ	ន	ដ	ដ	ហ	ហ	រ	ណ	ម	្
ព	ឃ	ព	ណ	អ	ោ	ន	់	ង	្	ម	ទ	រ	រ
្	ឱ	ណ	ឱ	ម	៉	ា	ស	ឹ	ហ	ឃ	ប	ា	រ
ម	ដ	ស	ត	អ	ណ	រ	ល	ទ	ស	ហ	ច	្	ឃ
ក	ម	៉	ែ	ត	្	រ	ី	ទ	ណ	រ	ក	ក	ថ
ត	ោ	ន	ម	ឧ	ណ	ថ	ឧ	ស	គ	ឃ	ណ	ឃ	ឧ

បៃ
ម៉ែ
ទសភាគ
សញ្ញាប័ត្រ
ជម្រៅ
ក្រាម
កម្ពស់
អ៊ី
គីឡូក្រាម
គីឡូម៉ែត្រ
ប្រវែង
លីី
ម៉ាស
ម៉ែត្រ
នាទី
អោន
តោន
បរិមាណ
ទម្ងន់
ទទឹង

4 - Farm #2

ធ	ព	ឡ	ព	ទ	ន	ឌ	ឌ	ក	ហ	ច	ឱ	ក	ទ
ព	◌ា	◌ោ	ណ	ស	ឥ	ឥ	ព	ជ	អ	ល	ឌ	◌ូ	◌ឹ
ឆ	ទ	រ	ត	ស	ត	◌្	វ	ន	ល	◌ី	ជ	ន	ក
ឃ	ប	ក	◌ា	អ	ណ	ឃ	ឃ	ឡ	◌ី	ស	ឥ	ច	ដ
ហ	ណ	◌ា	ប	ស	ច	◌ៀ	ម	◌៉	◌ា	◌ា	ឡ	◌ៀ	◌ោ
ឱ	រ	◌្	ឌ	ព	◌ា	ឃ	ឡ	ឡ	ប	វ	ង	ម	◌ះ
ន	រ	ម	ប	អ	ឃ	ស	ឆ	ឱ	ថ	រ	ឥ	ក	គ
ទ	ថ	ច	ឈ	◌ើ	ល	◌ែ	◌្	ផ	ដ	◌ូ	ង	ព	◌ោ
ប	ឃ	អ	រ	ទ	◌័	ក	◌់	រ	◌ា	◌្	ត	ហ	ម
អ	ន	ទ	ស	ទ	ង	ថ	ណ	ជ	◌្	ស	គ	ក	ឃ
ព	ន	◌្	ទ	ព	អ	ច	ក	ល	ស	ត	ដ	ថ	ឃ
ក	អ	ដ	ល	ជ	ក	ស	◌ិ	ក	រ	ហ	◌ា	◌ា	អ
ឌ	គ	ក	ក	◌ែ	ល	ម	◌ី	ដ	◌ូ	វ	ទ	ឃ	ជ
ម	◌៉	◌ា	ស	◌ី	ន	ក	◌ិ	ន	ជ	ប	ឥ	ថ	ឌ

សត្វ
បាលី
បាណ
ពោត
ទា
កសិករ
អាហារ
ផ្លែឈើ
ធារាសាស្ត្រ
កូនចៀម
ឡាម៉ា
មីដូវ
ទឹកដោះគោ
ចម្ការ
ចៀម
ត្រាក់ទ័រ
បន្លែ
ស្រូវសាលី
ម៉ាសីនកិន

5 - Books

មសរកលៅេមលៅរ្ិបយច
បៀៃ្ិកំយទថយ៧យយចៃ្
បទលៅេឧបលតជ៉ិសនសន
នយជជរចុឡ្ិចំឧជចៃៃ
កយឱចឧៃេិសលថទបិរប
ឧនៀយនទនជៃណឱកយិ្
ជសរ្រៀនអចនងលចឡ្ិ្
អកុិសរសៗសិតុិ្ិតឧ
ន៉ិៃពនុិធកទុិរៅេល្៉ិ
ឧសរសៅេរនណសរៃេៃអត
យបជតឱនុិនៅឱជ្ិកៃ
្្អមឱតអយកឡចៃ្ិ្យ
ឱៃៗៅេកុិយជជឡគហសប
គៃៗៅេកិព៉ិនុិធជតរជ

និពន្ធ	ទំព័រ
គូអក្សរ	ពួ
ម៉ូល	អ្នកអាន
បរិបទ	ពាក់ព័ន្ធ
ទ្វេ	សើរី
រ៉ូ	រៀ
កំប្លែង	សោក
ថ្លៃប្រ៉ិត	ពាក្យ
អក្សរសាស្ត្រ	សរសេរ
ប្រលោមលោក	

6 - Meditation

ព	ភ	◌ា	ត	◌ិ	◌្	ន	ស	ដ	◌ឹ	ង	គ	◌ុ	ណ
ឱ	◌្	ដ	ង	◌្	ហ	◌ើ	ម	ច	យ	ស	ច	គ	ឆ
ឥ	ញ	អ	ត	◌់	ង	◌ា	ស	◌្	ប	◌់	ង	◌្	ស
ច	◌ា	ង	◌ា	ដ	ឆ	ម	ច	ន	ម	ល	ល	ឱ	ល
រ	ក	ល	ន	រ	◌ៀ	ង	◌្	ប	រ	◌ា	ក	ទ	ផ
ធ	◌់	គ	ល	ឱ	ម	រ	ឥ	ណ	ឡ	ស	ទ	ស	◌្
ស	ម	ង	ច	ត	ត	◌្	◌ិ	ច	ឆ	◌់	ម	◌្	ល
ប	គ	◌្	ថ	អ	ស	ន	ម	ម	ម	ប	◌្	ស	◌ូ
◌្	◌ំ	ម	ម	ង	គ	ដ	យ	ណ	ឥ	◌ា	ល	ន	រ
ប	ន	ភ	គ	ជ	គ	ជ	ង	យ	◌៍	◌្	◌ា	◌ះ	ច
◌ុ	◌ិ	◌ុ	ង	ក	◌ា	គ	ស	ជ	ជ	ច	ប	ជ	◌ិ
រ	ត	ស	ង	រ	◌ី	ត	◌្	◌្	ន	ត	◌់	ឱ	ត
ស	ទ	ឥ	ដ	ថ	ឡ	ម	◌ិ	ឌ	យ	ឡ	យ	ព	◌្
ឥ	រ	◌ិ	យ	◌ា	ប	ថ	ឥ	ន	ដ	ហ	ប	ថ	ត

ភ្ញាក់
ដង្ហើម
ស្ងប់ស្ងាត់
ច្បាស់លាស់
អារម្មណ៍
ដឹងគុណ
ទម្លាប់
សុភមង្គល
សប្បុរស
ផ្លូវចិត្ត
ចិត្ត
ចលនា
តន្ត្រី
ធម្មជាតិ
សន្តិភាព
ទស្សនៈ
ឥរិយាបថ
ការបង្រៀន
គំនិត

7 - Days and Months

ថ ខ ជ គ ក អ ឧ ល ថ ហ ឡ ខ ថ ខ
ថ ្ ែ ខ ហ ៏ គ ៗ ្ ប ស ែ ្ ែ
អ ្ ង ក ឡ ជ ច ត ង ជ ៗ ក ង ក
ម ថ ង ែ ញ អ ដ ុ ែ ទ ម ្ ែ ក
ល ក ថ ែ អ ្ គ ែ ច ហ េ ម ៧ ្
ណ ៧ ឱ ណ ល ង ញ ខ ន ស ែ ្ ្ ក
ខ ែ ម ៊ ន ៗ ្ ៗ ្ ក ខ ភ ធ ដ
ច យ ស ល ទ យ ដ គ ទ ទ ៧ ៖ ឥ ៗ
ថ ្ ង ែ ស េ ៀ រ ៏ ៗ រ ង ជ ្ ត
ថ ្ ង ែ ស ុ ក ្ រ រ ជ ម ន ច
ថ ្ ង ែ អ ា ទ ិ ត ្ យ ល ៗ ឱ
ខ ែ ម ក រ ៗ ខ ែ ស ឺ ហ ៗ ំ ប
ប ្ រ គ ិ ទ ិ ន ៧ ជ ឱ ហ ឥ ឡ
ខ ែ រ ិ ច ្ ឥ ិ ក ៗ ណ ឡ ឥ យ

ខែមេសា
ខែសីហា
ប្រតិទិន
ខែកុម្ភៈ
ថ្ងៃសុក្រ
ខែមករា
ខែកក្កដា
ខែមិនា
ថ្ងៃចន្ទ
ខែ

ខែវិច្ឆិកា
ខែតុលា
ថ្ងៃសៅរ៍
ខែកញ្ញា
ថ្ងៃអាទិត្យ
ថ្ងៃ
ថ្ងៃអង្គារ
ថ្ងៃពុធ
សប្ដាហ៍
ឆ្នាំ

8 - Energy

ង	ក	ឌ	ត	ស	◌៊	◌ូ	◌ា	◌៉	ម	ប	ន	អ	ល
ណ	ក	ឥ	◌ុ	ណ	◌ា	គ	ឌ	ស	គ	រ	◌ុ	គ	អ
ឌ	◌ើ	ឡ	◌ា	ល	រ	◌ំ	ន	ទ	ក	◌ិ	ឃ	◌្	ម
ន	ត	ឆ	ធ	គ	ម	ន	ង	ហ	ច	ស	ក	គ	◌៉
ឧ	ស	◌្	ស	◌ា	ហ	ក	ម	◌្	ម	◌្	◌្	◌ិ	◌ូ
ម	យ	ក	◌ា	ប	◌ូ	ន	អ	ដ	ម	ថ	ល	ស	ត
ដ	◌្	រ	◌ូ	ស	◌ែ	ន	ក	ឡ	◌៉	◌ា	◌េ	ន	◌ូ
ស	ឥ	ព	ថ	ភ	ឆ	ឱ	ង	◌ិ	◌ា	ន	អ	◌ី	ក
ថ	ស	ស	គ	◌្	ណ	ច	◌្	ច	ស	ឡ	◌៊	គ	◌ំ
ខ	◌្	យ	ល	◌់	ម	ឡ	ហ	ត	◌៊	យ	◌ែ	អ	ដ
ដ	ឌ	ស	ហ	ស	អ	ហ	◌ា	◌្	◌ី	ល	រ	ល	◌ៅ
ម	ដ	ណ	ព	ក	ឆ	ឃ	រ	រ	ន	ឆ	ល	ស	ច
ក	◌ា	រ	ប	◌ំ	ព	◌ុ	ល	◌ុ	ល	ព	ឡ	ឆ	រ
ន	ឌ	ន	◌ះ	ធ	ន	◌្	ឥ	ង	រ	◌េ	◌្	ប	គ

ថ្ម
កាបូន
ម៉ាស៊ូត
អគ្គិសនី
ឡិចត្រុង
ម៉ាស៊ីន
ធាតុ
បរិស្ថាន
ប្រេងឥន្ធនៈ
សាំង
កំដៅ
ដ្រូសែន
ឧស្សាហកម្ម
ម៉ូតូ
នុយក្លេអ៊ែរ
ភូ
ការបំពុល
កកើត
កង្ហារ
ខ្យល់

9 - Chess

ខ ម ឱ ល ឧ ន ឧ ប ទ ឱ ម ម ល អ
គិ ប ៀ រ ជ ៃ ង ៀ ៀ ជ ហ ម ៀ
ច ម ប ស ប ន ក ជ ហ រ រ ប ទ ន
ច ៅ ជ ប ល ង ជ ល ណ ក ក ៀ ច ក
សៀ ត ៃ ច ហ ៀ គ ៀ ម ង ៀ ង ល
អ ខ ជ ប ម អ ក យ ៀ ម ង ឧ គ ៀ
ស ទ ច ន រ ម ម ឡ ន ណ ើ គ អ ង
ម ថ ស ណ ង ត ណ យ ជ ស ជ គ គ ណ
យ ៀ ទ ៀ ធ ស ៗ ស ៀ រ ៀ គ ច ៧
ណ យ គ ថ គ ក ៗ រ ល ៈ ៧ ស ៀ ៀ
ម ហ ៗ ក ៀ ស ត ៀ រ ើ ឧ ន ប ៨
ប ញ ៀ ហ ៗ ប ៀ រ ឈ ម ប ថ ៗ ៀ
ន ណ ស ៧ ៃ ល រ ៃ ល ៗ រ ជ ប ទ
អ ជ យ ៧ ឡ ហ យ ស ក ម ណ ណ ់ ុ

ខ្មៅ	អ្នកលេង
បញ្ជាប្រឈម	ពិន្ទុ
ដើងឯក	មហាក្សត្រី
ទ្វេង	ច្បាប់
ហ្គេម	ការលៈ
ស្តេច	យុទ្ធសាស្រ្ត
គូប្រជែង	ពេលវេលា
អកម្ម	ប្រក្ខត

10 - Archeology

អ	ណ	ត	ក	ឌិ	ក	ភ	ថ	ង	ឌិ	ជ	ឋ	ប	ត
ឋ	ៅ	ជ	ខ	ជ	ណ	ៅ	ុំ	ថ	យ	យ	ទ	ុំ	ុំ
ហ	ជ	ថ	យ	គ	ែ	អ	វ	ល	ស	ឋ	អ	វ	ថ
ឯ	ឋ	ុ	់	ណ	ំ	ច	ឋ	វ	ៃ	ខ	ល	ៅ	ុ
ខ	ល	ុំ	ថ	ក	ប	ក	ុំ	ុំ	ិ	ច	ថ	ស	ប
ច	ៅ	ត	ណ	ស	ំ	ដ	ុំ	ុំ	គ	ភ	គ	ៅ	ុ
អ	ថ	វ	ត	ថ	ល	ប	ផ	ហ	យ	៧	ៅ	ទ	វ
អ	វ	ិ	យ	ធ	ម	់	ៅ	ខ	គ	ច	យ	គ	ៅ
ជ	ំ	ឋ	ៅ	ញ	ហ	ក	ឡ	ំ	ឋ	ឌិ	ឡ	ប	ណ
ទ	យ	វ	ទ	ណ	ឡ	ប	ម	វ	ង	អ	ឺ	ុ	ឋ
វ	ត	ុំ	ថ	ុ	ប	ុ	វ	ៅ	ណ	វ	ៅ	ុ	ប
គ	ល	ណ	ក	ប	ត	ឌិ	ុ	ឋ	វ	ថ	ឋ	ទ	ឋ
យ	អ	ទ	វ	វ	ៅ	ជ	ុំ	វ	វ	ៅ	ុ	ស	ជ
ឌិ	ស	៧	យ	ថ	ឯ	ម	ក	ត	ហ	៧	ល	វ	ទ

ការវិភាគ

បុរាណ

វត្ថុបុរាណ

ជម្លើង

អរិយធម៌

ថៅ

សក

ដំនាញ

ភ្នែច

ហ្ល៊ូ

បំណែក

អាថ៌កំបាំង

វត្ថុ

ត្ថុបុរាណ

ស្រាវជ្រាវ

ក្រុម

ប្រាសាទ

ជម្លើរ

11 - Food #2

ថ	ថ	គ	ឌ	ជ	ហ	ទ	ថ	ទ	ស	ព	ប	ឱ	ច
រ	ី	ល	េ	េ	ស	ដ	ម	ឃ	ល	ប	៉	ព	រ
ក	េ	ច	ជ	ត	ឹ	ល	ល	ឱ	ី	ឈ	េ	ម	ឱ
្	ទ	ព	ថ	្	ុ	ឃ	ី	ហ	ស	ហ	ង	ប	ង
ង	ស	ំ	រ	រ	ត	ឃ	ខ	គ	ា	ព	ប	៉	ឱ
អ	ឥ	អ	ព	ី	រ	ឃ	ូ	ន	វ	ំ	៉	ោ	ណ
ម	រ	ម	ប	ា	ឈ	ែ	រ	ី	រ	ឡ	ោ	ល	ឥ
ថ	ជ	ឃ	ប	ឃ	ំ	ឃ	ូ	គ	ូ	ជ	ះ	ែ	ម
ស	ូ	ក	ូ	ឡ	ា	ង	្	ជ	្	ដ	អ	្	ា
ថ	គ	ឃ	ន	ប	ប	ប	ប	ត	ស	ិ	្	ផ	ន
ស	ោ	ឆ	អ	ម	ម	ុ	ឃ	ា	គ	ឡ	ណ	ច	់
គ	ះ	អ	ង	ឥ	ច	័	ក	ហ	ឃ	ី	ឃ	ព	ឆ
ប	ោ	ឱ	ជ	ម	អ	ំ	ព	ឆ	ថ	រ	វ	ថ	ា
ន	ដ	ព	ឌ	ឌ	ល	ន	់	ា	ម	ង	ព	ី	ស

ផ្លែប៉ោម
ចេក
នំប៉័ង
ប្រូខូលី
សេលេរី
ឈី
ឈែរី
មាន់ឆា
សូកូឡា
ស៊ុត
ពងមាន់
ត្រី
ទំពាំងបាយ
ហាំ
គីវី
ផ្សិត
អង្ករ
ប៉េងប៉ោះ
ស្រូវសាលី
ដោះគោជូរ

12 - Chemistry

អ	ល	ត	ន	ថ	ម	ទ	ម	ុ៎	ង	ន	់	ជ	ជ
ុ៎	ណ	ន	ជ	ប	ត	៉	ក	ៅ	ប	ុ	ន	ច	ុ៎
ក	ង	ុ	៉	យ	ទ	ជ	ុ	ន	៣	ម	ណ	អ	រ
ស	ំ	យ	ច	ជ	ប	ច	រ	ល	ប	៑	ំ	អ	ុ
៑	៶	ក	ម	៑	ត	ុ	៶	អ	៉	គ	ង	ម	ស
៑	ឡ	៉	ស	ច	ច	៣	រ	អ	រ	គ	រ	អ	៉
ស	ទ	ល	៎	ក	ម	ឡ	ន	ង	ក	រ	ុ	ត	ន
៉	ឡ	៉	ឧ	ក	ឧ	យ	ស	់	ឡ	ណ	ត	ល	យ
ន	ឧ	អ	ស	ឧ	ំ	យ	ជ	ស	គ	ៅ	ុ៎	ហ	ជ
ត	ច	៑	ន	ជ	ម	ជ	ក	៑	យ	យ	ច	៣	ត
ជ	ឧ	៉	ណ	ង	ជ	ង	ៅ	៑	ត	រ	៑	យ	រ
ន	ច	រ	ណ	ច	ប	យ	ឡ	ម	រ	ក	ឡ	ង	អ
ស	៑	ត	ុ	ណ	ុ៎	ហ	ភ	៶	៣	គ	ន	ជ	ជ
ស	រ	៑	រ	៶	ង	ុ៎	គ	អ	៶	ស	៑	៑	ត

អាស៊ីត   យ៉ុង
ឡាំង   រវ
អាតូមិក   ម៉ូលេគុល
កាប៉ូន   នុយក្លេអ៊ែរ
ភ្លុចក្រុង   សរវាង
ឡៀចក្រុង   អ្នកស៊ីសែន
អង់ស៊ីម   អំបិល
ហ្គាស   សីតុណ្ណភាព
កំដៅ   ទម្ងន់
ជ្រូសែន

13 - Music

អាល់ប៊ុម មីក្រូហ្វូន
បាឡាដ តន្ត្រី
បន្លរ តន្ត្រីករ
បុរាណ ល្ខោន
សម្រាំង កំណាព្យ
ម៉្លូ ឞត
សុខដុម ចង្វាក់
ឧបករណ៍ ច្រៀង
ចម្រៀ តារាចម្រៀង
ភ្លេង សំឡេង

14 - Family

យ	ប	ក	រ	យ	ក	ដ	ថ	ជ	ប	ក	ខ	ក	ថ
ឆ	អ	ុ	អ	ឱ	ដ	ច	ត	ឆ	ុ	្	ព	ុ	ឆ
ឱ	ណ	ព	ត	ណ	ណៅ	អ	ច	ព	ម	ុ	ម	ប
ណ	ហ	ឱ	ម	ើ	ព	ុ	ល	គ	្	្	ក	ៗ	ង
ន	ព	ក	ៗ	ម	ើ	ង	ជ	ន	រ	យ	ត	រ	ប
ច	ើ	ម	ត	ៗ	ើ	ជ	យ	ប	ប	ប	គ	ើ	ុ
ក	យ	ស	ៗ	ដ	យ	គ	ជ	៉ុ	ុ	្	ឆ	្	រ
ក	ុ	ម	ៗ	រ	វ	ៗ	ព	ៗ	រ	រ	ម	ស	ុ
ក	ុ	ន	ស	្	រ	ុ	យ	ត	ស	ុ	ឡ	ង	ស
ប	្	រ	ព	ន	ុ	ធ	ឱ	ង	ត	ស	ថ	ប	ឆ
ច	ឱ	ព	ម	ន	ម	គ	ល	់	ប	អ	ដ	រ	យ
ម	៉	ៗ	ក	់	ង	យ	ដ	ទ	ព	ត	យ	ស	ហ
ប	្	អ	ុ	ន	ជ	ើ	ដ	ុ	ន	យ	ថ	អ	រ
ដ	ត	ច	ន	គ	ព	ន	ល	ច	ក	ស	រ	ក	ដ

បុព្វបុរស	យាយ
ម្ដីង	ប្ដី
បងប្រុស	មាតា
កុមារ	ម៉ាក់
កុមារភាព	កូយប្រុស
ឪពុនជីដូន	នីស
កូនស្រី	ប៉ាតង់
ឪពុក	បងស្រី
ព្រៅ	ពព
ជីតា	ប្រពន្ធ

15 - Farm #1

ណ ទ ណ គ ត ក ង ច ទ ត ថ ន ន ថ
ន ខ ហ ខ ម ម ◌ុ ក ◌ិ ស ក ជ ឡ គ
ប ◌ឺ ស ◌ុ ន ស េ◌ ◌ះ ក អ ែ◌ ◌ុ ក
ព ង ជ ជ ◌ំ ន ស ន ជ ទ ង ប រ ជ
ប ប ក ែ◌ ◌ុ ន ◌ុ ឡ ស ◌ឺ ◌ុ គ យ ង
ល ◌់ ក ព យ ហ ល ម ល ក ក ហ ន ច
ស រ ខ ព យ ច ក ច ា◌ ជ រ ទ ៃ◌ ល
ម ា◌ ន ◌់ ឥ ា◌ ◌ូ ស វ ត ◌ុ ជ ជ ន
យ ◌ុ ន យ ល ន ន ជ ហ ង ត ន ទ ទ
ង គ ឡ ន ច យ គ ជ ថ ង ត ោ◌ គ ព
ល ន ជ រ ខ យ ោ◌ អ ឡ ជ ទ ក ហ ◌ឺ
ប ល គ អ ស ន រ ម ប ឡ អ ណ ហ យ
ប ន យ ឡ ព អ ច ណ គ ល គ ប ឡ ប
ថ ទ ◌ឺ ក យ ◌ុ ម ◌ុ ◌ំ យ អ ស ន ជ

កសិកម្ម	របង
យំ៉	ជុ
ប៉ុសុន	វាល
កូនគោ	ពព្រ
ឆ្នា	ហៃ
មាន់ទា	ទឹកយំ៉
គោ	សេះ
ក្រេក	អង្ករ
ផ្ញៀ	ត្រាប់
ដុនគី	ទឹក

16 - Camping

ព ង គ ភ ប ព ក ស ខ ភ ហ រ ល គ
ម រ ព ឺ ទ្ឋ ស ា ត យ ឹ ឺ ន រ ស
ត ខ ង ល ទ ហ ប ឹ ជ ម ស ន ហ ព
ើ ឺ រ ើ ព រ ឺ រ ហ ឮ រ ៃ ំ ឹ
ជ ជ រ ង ឺ ប ឺ ល ស ក ហ ន រ រ
ៗ ើ ទ្ឋ ើ ត ហ ន ឹ ផ ៃ ន ទ ើ ៃ
ម ម ទ្ឋ រ រ ក យ អ ក ៗ ណ ឹ ព ជ
ឹ ឈ គ ច ឹ ិ យ ិ ម ជ អ ក ជ ណ
ម ើ ស ត ត ទ្ឋ ស ត ហ ស ង ល ម យ
ធ ទ ស ង ស ក ឌ ់ ព ប ឹ ត ប ហ
ថ យ យ ់ ឌ ព ទ ជ យ ឹ រ ឌ ឌ ក
ព ឹ រ ៖ ច ៃ ន ឹ ទ ប ើ គ ជ ឌ
ច ល ម ឌ ជ យ ណ ឌ ង ៗ ង ឌ យ យ
ម ស ឋ ជ ក យ ន ឌ ស យ ត ឌ រ ជ

សត្វ   សត្វល្អិត
កាប៉ីន   បឹង
កាណូ   ផែនទី
ត្រីវិស័យ   ព្រះច័ន្ទ
ភ្លើង   ផ្ទុក
ព្រៃ   ធម្មជាតិ
សប្បាយ   ខ្សែ
អ្រេង   គង
មួក   ដើមឈើ

17 - Algebra

ក	ដ	ជ	គ	ទ	ជ	ណ	ហ	ដ	ង	ន	ឡ	អ	ដ
ន	្	រ	ូ	ប	ម	ន	្	ត	្	ដ	ណ	ថ	ោ
ិ	ល	រ	ួ	ស	្	យ	ា	ង	ឌ	យ	ម	េ	ះ
ទ	ន	ម	ា	្	គ	ភ	ា	រ	្	ប	ា	រ	ស
ស	ន	ល	ប	ហ	ក	ត	្	ត	ា	ម	ិ	ក	្
្	ួ	ឥ	ថ	យ	្	ទ	្	រ	ី	ឡ	រ	ា	រ
ស	ំ	ឆ	ឥ	ក	អ	វ	ហ	ឆ	ផ	ច	ប	ី	ា
ន	ច	ម	ិ	ន	ព	ិ	ត	ណ	យ	ល	ឱ	ម	យ
្	យ	ឌ	យ	ឥ	ហ	ស	ច	ង	ដ	ក	ប	ស	ណ
ត	ដ	ំ	ណ	ោ	ះ	ស	្	រ	ា	យ	ប	ុ	ឥ
ស	ុ	ន	្	យ	យ	ឌ	យ	ម	ស	អ	ញ	ហ	ក
ទ	ឱ	ហ	ឥ	អ	ឥ	ឥ	ព	ល	ស	ង	្	ច	ស
ណ	ង	ហ	ឥ	ថ	ម	ព	ប	ល	ទ	រ	ហ	អ	រ
យ	ម	ព	ឆ	ប	ឆ	ឌ	វ	ហ	ស	ង	ា	ម	ម

ដ្យា
សមីការ
និទស្សន្ត
កត្តា
មិនពិត
រូបមន្ត
ប្រភាគ
ក្រាហ្វ
គ្មាន
ទ្រឹ
ចំនួន
បញ្ហា
បរិមាណ
ងាយស្រួល
ដំណោះស្រាយ
ដោះស្រាយ
ដក
ផលបូក
អថេរ
សូន្យ

18 - Numbers

ស	ន	ឡ	គ	យ	រ	ង	ង	ព	ទ	យ	ដ	ដ	ល
ន	ួ	ប	ព	ក	ឱ	យ	ក	ី	ប	ច	ប	ប	គ
ប	្	រ	ា	ំ	ប	ី	គ	រ	្	ដ	់	់	ឡ
ួ	គ	ទ	ា	គ	ណ	ិ	ត	ក	រ	ប	ប	ប	ន
់	ប	ដ	ស	ំ	ម	ឆ	ត	ម	ា	់	ី	្	អ
ប	ម	យ	យ	ភ	ប	អ	យ	យ	ំ	ព	ប	រ	យ
ដ	ច	ត	យ	ន	ា	្	ជ	ឆ	ព	ី	ព	ា	ន
យ	ឌ	ដ	ត	ម	ន	គ	់	រ	ី	រ	ដ	ំ	ថ
ម	្	ភ	ៃ	ួ	ប	ថ	ឌ	ប	រ	ស	ឌ	ប	ស
យ	អ	ក	ព	យ	ា	យ	គ	គ	ដ	ព	ត	ី	គ
ដ	ប	់	ប	្	រ	ា	ំ	ម	ួ	យ	ទ	ថ	ស
ស	ូ	ន	្	យ	់	ប	្	រ	ា	ំ	ដ	ថ	ល
ប	្	រ	ា	ំ	ប	ួ	ន	ព	អ	ណ	ឌ	ឱ	រ
ត	ហ	រ	ទ	យ	ដ	គ	ស	ឌ	ឆ	ថ	ន	ថ	ត

ទសភាគ
ប្រាំបី
ដប់ប្រាំបី
បួន
ដប់បួន
គណិត
ប្រាំបួន
ដប់របា
មួយ
ប្រាំពីរ
ដប់ប្រាំ
ប្រាំ
ដប់ប្រាំមួយ
ដប់
ដប់បី
បី
ដប់ពីរ
ម្ភៃ
ពីរ
សូន្យ

19 - Spices

ហ	វ	យ	ស	ត	គ	ដ	ល	ខ	◌្	ញ	◌ី	រ	ម
◌្	◌៉	ជ	◌ី	ទ	ព	ស	ប	ដ	ដ	ដ	ត	ឡ	◌្
វ	◌ា	ល	◌ី	ម	ផ	គ	◌ិ	ង	ជ	ឌ	ច	យ	រ
◌េ	ន	ប	ន	ទ	ស	◌្	◌ំ	ជ	◌ូ	រ	រ	រ	◌េ
ន	◌ី	ច	ណ	យ	ស	ឌ	អ	ផ	◌្	ក	◌ា	ឆ	ច
ណ	ឡ	ណ	◌ា	ឡ	ល	ង	ឆ	◌ែ	ហ	ម	ម	ដ	ច
ល	◌ា	រ	ម	ព	យ	ហ	យ	អ	ម	ន	យ	រ	ព
ក	ឱ	រ	◌៉	ឌ	ឌ	ហ	ស	◌្	ប	◌ែ	ប	ឡ	ជ
ប	ច	ណ	◌ុ	ម	ក	អ	ឡ	អ	ទ	ន	◌្	ថ	យ
ដ	ម	ល	ន	◌ី	◌ា	អ	ស	អ	ព	ណ	ល	រ	អ
ល	ទ	ង	ប	ឱ	ឡ	ឆ	ថ	អ	ច	ង	◌ោ	ម	ច
គ	ង	◌ឹ	យ	ឡ	ត	ឱ	ម	ក	ក	ង	ក	◌ៀ	ម
ន	ស	ក	◌្	រ	រ	ស	ជ	◌ា	ត	◌ិ	ក	ត	ល
អ	ឱ	ដ	ជ	ខ	គ	◌្	រ	◌ឹ	◌ះ	ប	ឡ	យ	ជ

អានី
ជូរ
ក្រ
ស៊ីនណាម៉ុន
ផ្កា
ហ្វេនណល
រសជាតិ
[illegible]
ស្បែ
គ្រឹះ
គំ
ប្លោក
ម្រេច
រមៀត
អំបិល
ផ្អែម
វ៉ានីឡា

20 - Universe

ស	ម	ជ	ក	ទ	ទ	ច	ត	ក	ឡ	យ	ជ	៧	អ
ក	ុ	ទ	ន	ុ	ច	់	រ	ៈ	ុ	៧	ម	ុ	ី
ា	ក	ទ	ទ	ុ	រ	ិ	រ	ា	ា	ត	ើ	រ	ឺ
យ	ា	ស	ា	អ	រ	ា	ទ	ជ	ង	ច	ល	ៈ	អ
ា	ឡ	ថ	ឌ	ល	ឯ	ក	ទ	ជ	ល	ប	យ	អ	ន
ិ	ា	ហ	ង	រ	ឌ	ល	ឌ	់	ច	ម	ើ	ា	ា
រ	ក	ផ	ល	អ	ា	ច	ម	់	រ	េ	ញ	ទ	់
ប	់	ត	ុ	ប	ជ	ក	ទ	ជ	ិ	យ	ល	ិ	ុ
ឯ	ស	ក	ន	ត	ឡ	ជ	ហ	ម	្	អ	ច	ត	ឯ
ហ	ឹ	ច	ត	ជ	េ	ហ	ល	ណ	ស	ក	ន	ុ	រ
អ	ឺ	អ	ឈ	ក	ឈ	ក	ហ	ជ	ង	ឡ	ស	យ	ន
យ	ជ	៧	ស	ង	ង	ឺ	ត	រ	ិ	ច	ុ	យ	ា
រ	យ	ៈ	ទ	ទ	ឺ	ង	អ	ឈ	ុ	៣	គ	េ	ល
ខ	ុ	ស	ម	ើ	ក	ប	ស	ឈ	ប	ជ	ណ	ស	ទ

អាចម៍   អង្គុគោល
តារាវិទ្ទ   ផ្ទែក
វិទ្យា   រយៈទទីង
បរិយាកាស   ព្រះច័ន្ទ
ស្វាល   គន្លង
ខូសមីក   មេយ
ងងឹត   ព្រះអាទិត្យ
អ៊ីអន   សុរិ
ក្វាន៌រ   មើលឃើញ
កាឡាក់ស៊ី   ឆ្នាំ

21 - Mammals

ឌ ដ ឆ ខ ៈ ស ក ស យ ស ា ៈ ន ទ
ស ត ន ដ ៃ ព រ ស ល ត ន ម ៀ ច
ត ុ ង ំ ស ម ុ ំ យ ុ ល ា ុ ខ
រ រ ឌ រ យ ន ល ស ជ រ ា ុ ស ង
ក ើ ហ ើ ោ យ ឆ អ ទ ហ ក ន ច ន
ា ប គ យ គ ជ ប ច ឆ ុ ណ គ ព ទ
ស ា អ ដ ធ ជ ុ ហ ត ស ោ ុ ផ ស
ុ ឡ ស ព ើ យ ប ុ ទ ើ អ ច ទ គ
ទ ៃ ឆ គ យ ច គ ឌិ ញ ម យ ឆ ន ុ
ំ ន ព ច ុ គ ប ច ច ក ៃ ុ ន រ
យ ង ម ត ុ រ ហ ត ហ ច អ ង ឌ ស
ព ក ច ឡ ខ យ ុ ម យ ច ឆ ជ ម ុ
ន ច ន ឆ ល ល ជ ត ោ ក ង យ ន រ
ព យ ជ ប រ ជ ដ ន យ ឆ ន ស គ ា

ខ្លាឃ្មុំ	សត្វហ្វី
សតវកាស្ដ	គូស្ងា
គោ	សេះ
ខេមល	គូរ
ខ្លាឃ្យធី	គោ
ក្ដែ្កឃ្លា	ស្ពា
ជេ្យ្យាត	ទន្សាយ
ដំ្យ្រី	ថ្បៀម
កញ្ជ្រោង	ត្រីបាឡែន
	ចចក

22 - Restaurant #1

ច អ យ ប យ យ ង គ ស ើ ុំ ហ ហ ន
ប ខ អ រ ង ក ល ន ា ន ាំ ា ម ុំ
ជ គ ណ ហ ប ុ ន ា ច ឧ ៧ ក ក ប
ក ា ហ ុំ រ េ អ ុំ ់ អ ច ា ា ុ
ផ ា ទ ះ ប ា យ ៃ ស ជ អ រ ុំ ុ
គ ទ ឡ ង យ ក ន ឡ ម ៃ ប ក ប ង
ុំ គ ឺ ៧ រ យ ្ ល ច ឡ ង ក ិ ជ
រ ឣ ត ក ថ ប ឺ ច ម អ ក ់ ត ង
េៀ ង ន ច ជ ត ៉ ជ យ គ ហ ន យ ស
ង ល ប យ ទ ុ ម ហ ើ រ ណ ទ ង ខ
ផ ច ង ខ យ ហ រ ហ ា ា អ ប ត ល
ុំ ច អ ច ច ឧ ម ល ៧ ស រ ន ជ ណ
ស ង ខ ត ុ ត ់ រ ក ន ុំ អ យ យ
ុំ ច ឡ ច ល ឧ ទ អ រ ់ ង អ ជ ឧ

ហ្វើ	ផ្ទះបាយ
បាន	កាំបិត
នំប៉័ង	សាច់
លុយ	ម្ហូប
ម៉ាន់តា	កន្លៀង
កាហ្វេ	ការកក់
បង្អែម	ទឹកជ្រលក់
អាហារ	ហឹរ
គ្រឿងផ្សំ	អ្នករត់តុ

23 - Bees

រ	ក	ុ	ម	ឱិ	ន	ប	ក	ៗ	្	ផ	ស	ស	ង
ឱិ	ជ	ហ	ម	យ	ង	ត	ព	្	ទ	ជ	ត	អ	ស
រ	្	ក	្	ខ	ជ	ៗ	ត	ិ	រ	ម	្	្	ស
ផ	គ	ម	អ	យ	ហ	ទ	ត	ច	រ	្	រ	ន	ម
្	ច	ស	ហ	េ	ង	យ	ន	ជ	ព	ំ	ល	ក	្
ស	ឡ	្	ជ	ៗ	ក	ប	្	ំ	ស	យ	្	ប	ប
្	យ	ន	ក	យ	ក	្	ល	ឡ	ស	្	អ	ំ	្
ង	អ	យ	ឡ	ជ	ឱ	្	ទ	យ	ន	ក	ិ	ព	រ
ច	ៗ	ត	ព	ជ	ច	ណ	ស	េ	យ	ឹ	ត	្	ស
យ	ហ	ផ	្	ល	េ	ឈ	ើ	ត	ស	ទ	ន	ល	្
យ	ា	ទ	ង	ន	ក	ច	ជ	ណ	្	ច	ជ	ផ	ល
រ	រ	ន	ជ	អ	ឡ	រ	ត	អ	ស	រ	រ	អ	ៗ
ព	្	រ	ៈ	អ	ា	ទ	ិ	ត	្	យ	ើ	ណ	ប
អ	ត	្	ច	ប	្	រ	យ	ោ	ជ	ន	៍	យ	៍

អត្ថប្រយោជន៍   រុក្ខជាតិ
សម្បុរ   លំ
អេកូទេសចរណ៍   អ្នកបំពុល
ផ្កា   មហាក្សត្រី
អាហារ   ផ្សេង
ផ្ទេឈើ   ព្រះអាទិត្យ
ស្តួន   រកុម
សំបុក   ក្រ
ទឹកឃ្មុំ   ស្លាប
សត្វល្អិត

24 - Weather

ហ ថ ក ជ អ អ ា ក ា ស ធ ា ត ុ
ន រ ខ ម ំ ច យ ព អ ផ ស ស ក ច
ច ត ឡ េ ព ត ល ព ប ុ ឡ ហ ង ព
ត ណ ហ យ ុ ល ន ណ ៉ គ ហ ឧ ឡ ត
ម ង ង ត ទ ជ ង ុ ុ រ ខ ល ល ន
ស ភ ម ជ ទ ះ ន រ ទ យ ទ ង ត ឌ
យ ា យ ក ថ ជ ុ ប ឡ ធ គ ឡ ុ ឌ
ណ ហ ង ក ណ ឆ ន ន យ ជ ន យ រ ស
ព ណ ស ក ា យ ា ិ រ ប យ ុ ុ ុ
ព ុ ន ឺ យ ស ខ ុ យ ល ់ ន ព ង
ម ត យ ទ ង ក គ ប ក ប ត ក ិ ្
គ ុ ស ុ ម ុ ស ុ ង ម រ ឡ ច ត
ទ ឺ ណ ណ ះ ព ម ថ យ យ ហ ស ើ ម
ព ស អ ជ ត ទ ទ ឺ ក ជ ំ ន ន ់

បរិយាកាស	ម្សុង
អាកាសធាតុ	ប៉ូ
ពពក	គន្ធធនូ
សុគ	មេឃ
ទឹកជំនន់	ព្យុះ
អ័ព្ទ	សីតុណ្ហភាព
សើម	ជួរ
ទឹកកក	ត្រូពិច
រន្ទះ	ខ្យល់

25 - Adventure

ម	ិ	ត	្	ត	ភ	ក	្	ត	ិ	៣	ស	ឥ	ក
ច	ិ	ត	្	រ	ុ	ស	ណ	៣	ម	ដ	ទ	ក	ត
្	ច	ហ	ច	ច	៣	ច	ំ	ប	រ	ៀ	រ	ៗ	ក
ម	ច	ដ	ល	ប	យ	ណ	ឌ	ប	ង	ឥ	ណ	ស	ធ
ឺ	អ	ំ	ណ	រ	ញ	ទ	អ	ផ	គ	ក	ើ	ម	ម
ស	ម	្	រ	ស	់	្	ទ	ន	្	ឡ	ំ	ប	
ស	ន	អ	ប	ជ	ន	ហ	ហ	ហ	ត	ល	ដ	៣	ម
ស	ក	ម	្	ម	ភ	ៗ	៣	ៗ	ក	ច	្	ស	ជ
ល	ល	ណ	ប	ត	ដ	ដ	ប	ល	ប	រ	ប	រ	ៗ
ស	ហ	ណ	រ	ស	ច	ឌ	យ	ៗ	ស	្	ហ	ឥ	ត
ស	ទ	ហ	ន	ុ	ឌ	យ	ហ	្	ថ	ម	រ	ក	ិ
ដ	ត	ង	ង	ល	ក	ត	ក	ក	៣	រ	ណ	ឈ	យ
ក	់	ន	ៗ	ច	្	រ	ោ	៖	្	គ	ច	ស	ម
យ	ប	ល	អ	ើ	ផ	្	ក	់	ញ	ៗ	្	ភ	ន

សកម្មភាព	ជ្ជួរ
សម្រស់	អំណារ
ក្លាហាន	ធម្មជាតិ
បញ្ចាប្រឈម	រុករក
ឱកាស	ស្ថ្វើ
គ្រោះថ្នាក់	ការរៀបចំ
ដំណើរ	សុវត្ថិ
មិត្តភក្តិ	ភ្នាក់ផ្លើល

26 - Sport

ជ ក ជ ប ជ អ ជ ង ហ ង ណ ៣ ឱ ង
គ ា ិ ក ល ិ ៣ ត ្ ត អ ច ជ យ
្ រ ៈ ឺ គ ប ក ៣ ថ ប ៣ ឺ ច អ
រ រ ក ឡ ោ ប ម ភ យ ង ៣ ល ្ ង
្ ត ង ា ល អ ្ ា គ ្ ភ ច រ ន
ប ់ ់ ឡ ជ ា ម ថ យ ក ា ង ា រ
ង ជ ត ល ៅ ហ រ ្ ម ើ ខ ឡ គ យ
្ រ ា ំ ន ា ិ ត ង ន ុ ណ គ យ
រ ន ជ រ រ រ ធ ម ល ហ ស ល រ ជ
ឺ ន ហ ជ យ ំ ឺ ស ា ច ់ ជ ្ ំ
ក ជ ឺ រ ជ ា ត ឱ ន ល ទ ក អ
ច គ ជ ស ច ឱ ត ឱ ្ អ ត ង ទ ច
ណ គ ឡ ជ ន ត ល ជ ម ហ ឱ ន រ គ
ត ទ គ ង ស យ យ ន ក ជ យ ជ ហ ន

សមត្ថភាព	សុខភាព
អត្តពលិក	ការរត់
រាងកាយ	បង្កើន
ផ្លើង	រាំ
គ្រូបង្គឹក	សាច់ដុំ
ជិះកង់	ជីវជាតិ
រាំ	កម្មវិធី
បបអាហារ	កីឡា
គោលដៅ	កម្លាំង

27 - Restaurant #2

ហ	ឌ	ឡ	ស	ម	ស	ហ	ព	ប	ក	ណ	រ	អ	ស
ឃ	ណ	ឃ	គ	ក	ឡ	ប	◌េ	ដ	ព	ច	ម	◌្	ថ
ស	ត	◌្	រ	◌ី	ឃ	ឱ	ល	ស	◌ា	ឡ	◌ា	ន	ទ
រ	◌៊	ប	ន	◌្	ល	◌ែ	ល	ប	◌ិ	◌ំ	អ	ក	ស
ណ	ន	◌ុ	ឡ	ស	ក	ស	◌្	ច	ណ	ម	ឡ	រ	◌៊
ម	រ	ប	ប	ណ	ក	ច	ង	ឌ	ច	ព	ដ	ត	◌ុ
ង	ល	ឡ	គ	ព	ក	ម	◌ា	ម	◌ី	◌្	ណ	◌់	ត
ក	ម	អ	ង	ដ	◌ឹ	ថ	ច	ឆ	ក	រ	ត	ត	ថ
គ	◌្	រ	◌ៀ	ង	ទ	◌េ	ស	ព	◌្	◌ា	ណ	◌ុ	ឃ
ឆ	ជ	ក	ផ	◌្	ល	◌ែ	ឈ	◌ើ	ស	ង	ន	◌ំ	ន
ឱ	ឡ	◌ឹ	◌ៅ	ណ	ឱ	ណ	ឱ	ឡ	ង	ណ	◌ា	ង	រ
ទ	ដ	ទ	ល	អ	ឆ	ល	ជ	រ	ឌ	ឌ	ឌ	ញ	ក
អ	ម	ស	ទ	ង	◌ី	ដ	ឱ	ជ	ឆ	ប	ង	ជ	◌់
ឡ	ណ	ង	ព	ឱ	ក	ប	ម	ឃ	ឌ	ដ	ឃ	ហ	ជ

នំ
កៅអី
ឆ្ងាញ់
ពេលល្ងាច
ស៊ុត
ត្រី
សម
ផ្លែឈើ
ទឹកកក

មី
សាឡា
អំបិល
ស៊ុប
គ្រឿងទេស
ព្រា
បន្លែ
អ្នករត់តុ
ទឹក

28 - Geology

ល	ឱ	រ	គ	ុ	រ	ឺ	ស	ុ	ត	ៗ	ល	់	៧
យ	ទ	ឌ	ុ	ភ	្	ន	ំ	ភ	្	ល	ើ	ង	ណ
ឱ	យ	ជ	យ	ៃ	ឌ	គ	ទ	ត	ស	៊	ឺ	ៗ	អ
ត	ប	ថ	ណ	ឌ	ថ	ច	ជ	ល	៑	គ	ឡ	ន	ម
ខ	ដ	ឺ	យ	ជ	្	ញ	រ	ណ	អ	ៗ	ម	យ
ហ	្	ច	ម	ជ	អ	ស	ម	ស	ឹ	រ	រ	ប	អ
យ	្	៧	ន	ច	គ	ម	ឌ	ឱ	ក	ក	៉	ស	គ
ស	ប	រ	ង	៧	រ	៉	ៃ	ស	ៀ	ប	ៗ	រ	គ
ត	យ	ឱ	្	់	ង	ស	ត	្	ជ	រ	ង	ឡ	ណ
ថ	ត	យ	រ	គ	រ	អ	ឱ	រ	ម	ឺ	យ	គ	ម
ច	ច	ឱ	ន	ហ	ជ	ៗ	ម	ទ	ង	្	ទ	ប	ថ
ណ	ក	្	ដ	ុ	ក	ៅ	ប	ៗ	ឡ	ទ	ថ	្	ម
ផ	្	ក	ៗ	ថ	្	ម	ល	ប	៑	ំ	អ	ថ	ទ
អ	ន	ម	យ	ៈ	ស	្	ល	់	ៗ	ក	យ	ក	ល

អាស៊ីត	ក្លៅ
កាល់ស្យូម	ឡ្បាវ៉ា
រ៉ង	ស្រទាប់
ទ្វីប	រ៉ៃ
ផ្កាថ្ម	ខ្សែរាប
គ្រីស្តាល់	ដៃផ្ទខៀ
វ៉ែន	អំបិល
រញ្ជួយដី	ឆ្នេ ភ្នើង
សំណឹក	
ហ្	

29 - House

គិ	◌ុ	រ	ា	ប	់	ច	◌ុ	ច	ណ	ន	ទ	អ	ជ
ឡ	អ	ក	ស	◌ុ	ន	ក	ទ	ឺ	ត	◌ុ	ង	ជ	ញ
យ	យ	យ	ក	ខ	ម	ច	ញ	ជ	ន	ទ	ជ	ជ	◌ុ
ង	ច	ហ	ច	ច	ម	រ	◌ុ	◌ុ	ប	ម	ល	ខ	ជ
ន	យ	រ	រ	ា	◌	ទ	ប	ព	ច	រ	ស	ប	ា
យ	ល	◌	ណ	ា	◌	ណ	ប	ជ	ភ	ក	ម	ន	◌
ជ	◌ំ	ប	◌ុ	ល	◌ំ	ក	គិ	ក	◌ុ	ទ	់	◌ុ	ង
ប	ង	◌	អ	◌ុ	ច	ង	គិ	ច	ល	ច	ច	ទ	រ
ផ	◌ុ	ទ	◌ះ	ប	◌	ា	យ	ន	ជ	ើ	ជ	ង	ប	រ
ត	ជ	អ	ស	ឧ	អ	អ	ើ	ន	ង	ច	◌ុ	់	ទ
ន	ក	◌	ន	ថ	ា	ជ	◌ុ	ន	ា	យ	ក	គិ	ង
ម	ច	ព	ន	ម	ហ	ព	ធ	ជ	ណ	ត	ៀ	ខ	យ
ល	គិ	ត	ន	◌	◌	ឡ	ន	ឡ	ត	ព	ហ	ង	ហ	រ
គិ	◌ុ	រ	ៀ	ង	ស	ង	◌ុ	ហ	ា	រ	◌ឺ	ម	ត

ផ្ទើ   ត្រាប់ចុច
ប្រៃម   ផ្ទះបាយ
វាំងននន   ចង្កៀង
ទ្វារ   បណ្ណាល័យ
របង   កញ្ចក់
ភ្លើង   ដំបូល
ជាន់   បន្ទប់
គ្រឿងសង្ហារិម   ឧត្តទិក
យានដ្ឋាន   ជញ្ជាំង
សួន   បង្អួច

30 - Physics

ប	ឡ	អ	ល	ឧ	ត	ន	ុ	ម	ប	ួ	រ	វ	ល
ហ	ុ	ក	ញ	យ	ឡ	ស	ា	៉	ម	ង	ឧ	ា	យ
ជ	រ	រ	យ	ុ	ត	ឧ	ល	ឺ	ើ	ត	ហ	គ	ខ
ខ	អ	៊	េ	ត	ជ	ត	ច	ល	ើ	ប	ក	ល	ខ
ង	៊	ុ	ឥ	ក	ទ	ើ	ត	េ	គ	គ	ច	ុ	ប
ព	ែ	ង	ល	ន	ង	ល	ញ	គ	ឧ	ម	ច	អ	ឧ
ឧ	ល	ព	ប	ឥ	ជ	់	ន	ុ	ស	ឧ	ជ	៊	ន
ម	ែ	ក	ា	ន	៊	ច	ទ	ល	ប	គ	រ	ត	ស
ឧ	ក	ច	ល	ា	ច	ល	។	យ	ថ	ន	ា	ល	ក
រ	ុ	ដ	ង	់	ស	៉	ើ	ត	េ	រ	ច	ុ	ល
ង	យ	ឡ	៊	ច	ត	ុ	រ	ុ	ង	ឡ	ន	ប	ហ
ជ	ុ	ព	៊	ស	ោ	ធ	ន	៍	ច	ទ	ស	ៀ	យ
ធ	ន	ុ	ព	័	ក	់	ា	ព	ន	ហ	ល	ន	ស
អ	ា	ត	ុ	ម	ម	៉	ា	ស	៊	ើ	ន	ឧ	ន

ល្បឿន
អាតូម
ចលាចល។
គីមី
ដងស៊ីតេ
ទ្ងិចក្ដុង
ម៉ាស៊ីន
ពន្លឺក
ពិសោធន៍
រូបមន្ត

ប្រកង់
ហ្គាស
អញ្ជើញ
ម៉ាស
មេកានិច
ម៉ូលេគុល
នុយក្លេអ៊ែរ
ភាគល្អិត
ពាក់ព័ន្ធ
សកល

31 - Climbing

ម	ស	្ឌ	ប	រ	ប	ហ	ផ	ថ	ច	ត	ហ	ច	ស
គ	ុ	គ	ញ	ន	គ	ល	ច	ែ	ច	ឌ	ឡ	អ	ុ
ុ	ប	ជ	ុ	ជ	ំ	ន	ៗ	ញ	ន	ទ	ទ	ជ	ថ
គ	ែ	ើ	ហ	ច	ង	្	ជ	ឺ	ង	ទ	ឡ	ើ	ិ
ុ	ក	យ	ៗ	ទ	ុ	រ	ិ	ប	ុ	រ	ិ	រ	រ
ទ	ជ	រ	ប	ម	ង	ត	ឡ	ខ	ក	គ	ត	ល	ភ
ុ	ើ	ប	ុ	ល	ថ	គ	ល	ទ	ថ	ំ	ឡ	េ	ភ
ទ	ង	ឌ	រ	ល	ច	គ	ត	ជ	ក	យ	៧	ង	៧
េ	អ	ជ	ឈ	ប	រ	ិ	យ	ៗ	ក	ៗ	ស	ស	ម
ស	ជ	ែ	ម	រ	ៅ	ុ	ស	ស	គ	ត	យ	រ	់
ក	ក	ម	ុ	ល	ៗ	ំ	ង	ង	យ	ុ	៧	ឌ	៧
់	ថ	ល	ត	អ	ជ	ង	ន	ឌ	ណ	ស	ហ	ឱ	ប
យ	ត	ុ	ច	ច	ង	ុ	អ	ៀ	ត	ជ	ត	ៗ	ជ
ម	្ឌ	ក	ស	ុ	រ	ត	ុ	ថ	ិ	ភ	ៗ	៧	ឆ

កំពស់   មួកសុវត្ថិភាព

បរិយាកាស   ដើរលេង

ស្ពែកជើង   របួស

គុហា   ផែនទី

បញ្ញាប្រឈម   គូចចង្កៀត

ចងជើង   រូបវិទ្យា

ជំនាញ   ស្ទីរភាព

ស្រាមដៃ   កម្លាំង

មគ្គុទ្ទេសក៍   ជើ

32 - Shapes

ព	ច	ន	ខ	ត	ព	ជ	ក	◌ុ	រ	ព	ើ	ត	អ
◌ុ	ត	ឌ	◌ុ	◌ុ	ើ	◌ុ	ក	ល	ជ	◌៉	ល	◌់	ហ
រ	◌ុ	ស	ស	រ	រ	◌ំ	ណ	ឌ	ល	ក	ើ	ទ	ន
ើ	ក	ស	ៃ	ើ	◌៉	គ	ព	គ	ៃ	ម	ស	ា	ព
ស	ោ	ណ	ក	ក	ា	ឡ	ហ	ង	ត	ឡ	គ	◌ុ	ក
ម	ណ	ទ	ោ	ោ	ម	ខ	អ	ហ	ក	ជ	ថ	ន	អ
ច	ក	ោ	ង	ណ	ើ	ម	ប	ៀ	ត	◌ុ	ល	ប	ជ
ណ	ព	គ	ង	◌់	ត	អ	ជ	◌ំ	ថ	ទ	រ	ស	យ
ក	ក	ប	ឡ	ច	រ	ង	ឌ	ច	ច	ឡ	ទ	ព	យ
ត	ច	ឌ	ា	ព	ង	◌ុ	ឡ	ខ	ទ	ឌ	ទ	ហ	ើ
ន	ន	ខ	◌ំ	ល	ខ	ហ	ង	ជ	◌ុ	រ	◌ុ	ង	ឌ
គ	◌ុ	ជ	◌ើ	ព	រ	ជ	ល	រ	គ	ជ	ន	ត	ហ
ត	◌ុ	អ	◌ា	ើ	ព	ៃ	ប	◌ុ	ល	ព	ជ	ស	ប
យ	ធ	ខ	ស	អ	យ	អ	ឌ	យ	ត	រ	ទ	ទ	អ

ផ្គុំ
វង្វង
កោ
ជ្រុង
ស្គូ
ខ្សែកោង
ស៊ីឡាំង
គែម
ពងក្រពើ
អុំពែបូល

បន្ទាត់
ក្រពើ
ព្រីស
ពីរ៉ាមីត
ចតុកោណ
ជុំហៀង
ការ៉េ
ត្រីកោណ

33 - Scientific Disciplines

ជ	ង	ច	ឱ	ក	៣	ភ	ភ	ៗ	៣	ស	៏	ៗ	ំ
រ	ល	ន	រ	៣	ហ	ៗ	ស	្ឈ	ន	ស	ត	្	រ
ឱ	ច	ទ	ហ	ទ	ទ	ស	ៗ	រ	្	ប	យ	រ	ឱ
ន	ជ	យ	អ	ឆ	ល	ៗ	ជ	ៃ	រ	ជ	ៗ	ត	ិ
ម	ស	ប	រ	៣	ថ	រ	ហ	យ	គ	ឧ	ទ	្	ស
យ	េ	ជ	ទ	ទ	គ	ិ	ជ	ប	ទ	ល	្	ស	ៗ
ន	ទ	ក	េ	៍	រ	ទ	អ	យ	្	ន	រ	្	យ
ិ	ក	ស	ៗ	ភ	៣	្	គ	ុ	ភ	ញ	ិ	ៗ	ន
្	ឡ	ម	ច	ន	យ	យ	អ	ច	ឧ	ក	ម	ស	រ
ត	ល	ល	ច	ឡ	ិ	ៗ	ៗ	ឆ	ក	ឱ	គ	ឆ	ិ
ឧ	ឧ	ម	ឆ	គ	ល	ច	ថ	ទ	គ	ឡ	្	ប	ទ
ជ	ៃ	រ	រ	ិ	ទ	្	យ	ៗ	្	ឧ	ង	ឧ	្
ស	រ	្	រ	រ	ិ	ទ	្	យ	ៗ	ិ	ស	ឱ	យ
គ	ៃ	ម	ៃ	រ	ិ	ទ	្	យ	ៗ	ជ	រ	ឧ	ៗ

សាស្ត្រ	មេកានិច
សាយនវិទ្យា	ឧតុនិយម
ជីវវិទ្យា	រ៉ែ
ឫ	ប្រសាទ
គីមីវិទ្យា	ជីវជាតិ
វិទ្យា	សរីរវិទ្យា
ភូតពួសា	សង្គមវិទ្យា
ភាពស៉ាំ	ទៃ
ភាសាវិទ្យា	ស្ទនសត្

34 - Science

ម	រ	ទ	ក	ទ	អ	◌ា	ក	◌ា	ស	ធ	◌ា	ត	◌ុ
◌៉	◌៉	យ	ក	◌ិ	ដ	ម	ង	ឆ	ហ	ល	ទ	ប	អ
◌ូ	ែ◌	ព	រ	ន	ធ	◌្	ង	ន	◌់	ធ	◌្	ង	រ
ល	ហ	ត	រ	◌្	ស	◌្	ស	◌ា	ធ	◌ី	◌ិ	វ	ស
េ◌	◌្	ព	យ	ន	ដ	ព	◌ិ	ស	េ◌ា	ធ	ន	◌៍	ធ
គ	វ	ហ	ហ	ន	ភ	◌ា	គ	ល	◌្	អ	◌ិ	ត	ម
◌ុ	◌ូ	ប	ម	◌័	ឡ	ច	រ	ន	យ	ឡ	ល	ឱ	◌្
ល	ច	ង	ង	យ	ក	◌ា	រ	ព	◌ិ	ត	ន	ឥ	ម
ម	ន	◌្	ទ	◌ី	រ	ព	◌ិ	ស	េ◌ា	ធ	ន	◌៍	ជ
គ	ត	ក	◌ា	រ	វ	◌ិ	វ	ត	◌្	ត	ន	◌៍	◌ា
ម	◌ី	◌ូ	ស	ម	◌្	ម	ត	◌ិ	ក	ម	◌្	ម	ត
អ	ន	ម	◌ា	រ	◌ូ	ប	វ	◌ិ	ទ	◌្	យ	◌ា	◌ិ
ង	ជ	ឌ	◌ី	អ	ស	រ	◌ី	រ	◌ា	ង	◌្	គ	ម
រ	◌ុ	ក	◌្	ខ	ជ	◌ា	ត	◌ិ	យ	គ	ដ	ជ	ណ

អាតូម
គីមី
អាកាសធាតុ
ទិន្នន័យ
ការវិវត្តន៍
ពិសោធន៍
ការពិត
ហ្វូ
ធូន់ធួរ
សម្មតិកម្ម
មន្ទីរពិសោធន៍
វិធីសាស្ត្រ
រ៉ែ
ម៉ូលេគុល
ធម្មជាតិ
សរីរាង្គ
ភាគល្អិត
រូបវិទ្យា
រុក្ខជាតិ

35 - Beauty

យ	ជ	ល	ត	ញ	យ	ល	ថ	ល	ម	ង	គ	ឡ	ន
រ	ប	អ	ជ	ន	ទ	ម	ន	ឌ	ស	ម	ុំ	ណ	េី
ន	អ	ង	ប	៊	ុ	ៗ	ស	ន	ហ	ុ៎	រ	គ	ណ
៧	ង	ឧ	ណ	ម	ឌ	ត	ក	៧	យ	ុ	េៀ	ជ	ន
ប	ណ	ច	រ	ល	យ	់	់	់	យ	ជ	ង	ណ	ថ
ថ	ម	ម	រ	ជ	ហ	យ	ច	ក	ៗ	ុំ	ស	ល	ឡ
ម	រ	អ	ជ	ល	ន	ត	ុំ	ង	រ	ទ	ម	៧	ឌ
ម	៧	យ	ឡ	ប	៧	យ	ញ	ថ	េៃ	ណ	ុំ	ណ	ល
ុំ	ស	ន	ជ	គ	ង	ឧ	ក	ប	ត	គ	អ	៌	យ
ក	អ	ថ	ល	ផ	ត	ិ	ល	ផ	ុ	ុ	ៗ	អ	យ
រ	ុំ	ស	ុំ	ប	េៃ	ក	ល	ក	ុំ	រ	ង	ទ	ន
ៗ	ប	ល	ហ	ជ	ប	ន	អ	ឡ	ន	ុះ	េ	ម	ន
េ	ទ	ច	ិ	អ	ុ	ង	ណ	ឧ	ក	ុ	ន	ង	ជ
ស	ច	ទ	ហ	ន	ត	ថ	ប	ុ	រ	៧	ថ	៧	ក

ទាក់ទាញ	កញ្ចក់
ពណ៌	ប្រេង
គ្រឿងសម្អាង	រូបថត
ផ្ដើ	ផលិតផល
ក្លិន	កន្ត្រែ
ព្រះគុណ	សេវាកម្ម
ម៉ាត់	សាប៊ូ
តុបតែង	ស្បែក
ស្គា	ម៉ូដ

36 - Clothes

ឆ	ល	ស	ក	ប	ព	ស	ន	រ	យ	យ	ឩ	ជ	ត
ព	ឡ៊	ត	ទ	ទ	ង	ណ	អ	ឆ	អ	ក	ង	អ
ឡ	ទ	រ	ម	រ	ឡ	យ	ត	គ	ឡ	ក	ឩ	ង	ឡ
ខ	ជ	ៅ	អ	ក	ហ	ឡ	ល	ល	ន	ន	រ	ណ	ច
រ	៊	ម	រ	ៅ	អ	ឩ	ជ	ព	ត	៊	ម	ឹ	ក
អ	ឺ	ស	ឩ	ង	ម	ត	ំ	ព	់	ស	អ	ព	ម
ៅ	អ	៊	ែ	៊	៉	ត	ខ	ឩ	ត	ៃ	ៀ	ប	ស
រ	ៅ	ថ	ប	ល	៊	ជ	៊	រ	ឩ	ង	រ	ព
យ	រ	គ	ៅ	អ	ជ	ក	ស	ស	ម	ន	ៅ	ក	ជ
ឺ	ធ	ប	ស	ង	ត	អ	ៃ	ព	ឡ	ព	អ	ន	ហ
ត	ំ	ឡ	ខ	រ	ម	ត	ជ	ៃ	ម	រ	ៅ	៊	ស
ព	ឩ	ខ	ខ	ៀ	យ	ន	ៃ	ខ	ឩ	ច	ឡ	ខ	យ
ជ	ជ	ត	ស	៊	ប	ៃ	ក	ជ	ើ	ង	ហ	គ	ប
ព	ឡ	ង	ឆ	គ	ខ	ម	ឩ	ន	ឩ	ន	យ	ច	ជ

អាវអៀម	គ្រឿងអលង្ការ
ខៀវដៃ	ខ្សៀ
អាវធំ	គេ
រ៉ូប	ខោ
ម៉ូដ	កន្សៀង
ស្រាមដៃ	ស្បែកជើង
ម្នក	សំពត់
អាវ	ស្រាម
ប៉ិ	អាវយឺត

37 - Ethics

ស សុ ទ ិ ជ ្ ឋ ិ ន ិ យ ម ជ ទ
ង ល ច ម ន ្ ស ុ ស ជ ា ត ិ ស
ប ្ រ ា ជ ្ ញ ោ ល ច ខ ស ខ ្
ទ ត រ ស ល ត ម ច ច ្ ន ្ រ ស
ង ខ អ ថ េ ់ រ ទ ៈ ហ ជ ង យ ន
ភ ា ព ស ្ ម ោ ៈ ត ្ រ ង ់ រ
រ ស ត ់ ម ធ ្ ់ ត អ ច ហ ស ិ
ប ប ប គ ត ្ ម ប ជ ខ ណ ស ហ ជ
ា ្ ្ ប ោ ត ហ េ ត ្ ផ ល គ ្
ក ប គ ច យ ់ ផ ្ ជ ា ច ់ ម ជ
ជ ្ ្ ម ច អ អ ទ ង ជ ទ អ ន ា
ខ រ គ ប ជ រ ទ ច គ ក ខ គ ៍ ម
ង ស ល ង ល ា ក ា រ ទ ុ ត ន ខ
ខ យ យ ល ្ ក ល ្ រ ា ក រ គ ទ

ការ លុក លុយ	ការអត់ធ្មត់
សហគមន៍	ទស្សនវិជ្ជា
ជ្ជរ	ផ្កាច់
ការទូត	រ៉ោកង
ភាពស្មោះត្រង់	ហេតុផល
មនុស្សជាតិ	គោ
បុគ្គល	អត់ធ្មត់
សច្ចៈ	តម្លៃ
សប្បុរស	ប្រាជ្ញា
សុទិដ្ឋិនិយម	

38 - Insects

ខ យ ត ល ហ ក ង ក ក ន ខ ត គ យ
អ ច ថ ង យ ណ ដ ស ណ ណ ល អ ឡ ក
ន ត ក ឡ ល ដ ហ ទ ស ុ ុ ជ ខ ន
ព ស ឧ ម ៉ ៅ ត ព ឌ ដ ត ត ម ុ
ង ក ច ុ ហ ក ខ ទ ឡ យ គ េៀ ុ
ណ ជ យ ុំ ទ ៅ ព ន ខ ដ ច យ រ ប
ង ស ច ុ ន ឺ ច ង ហ ង យ ៃ គ ៅ
អ ច ណ យ អ ឺ ដ ង ុ ក ុ រ ឧ អ
ខ ខ ណ ស ម ស ុ ម ប េ ត ល ខ ុំ
ស ត ង ុ ក ណ ុ ដ ុ រ រ យ ៃ េ
ម ន ជ រ ម ៉ ៅ ន ធ ឺ ស ម ត ម
ន ត ម ម អ ន ុ ដ េើ ក ម ៅ ស ហ
គ គ ដ ៅ ក ន ុ ទ ុ ំ រ ុ យ ហ
យ ល ជ ច ក ន ុ ល ៅ ត ស ហ ណ គ

ស្រមោច   ប៉ុន
ម្លុំ   អន្ទើកមាស
បៃតល   កណ្ដូរ
មេអំបៅ   ម៉ានធីស
ស្ទិកាឌ   មូស
កន្លាត   ខែ
កន្លុំរុយ   កណ្ដៀរ
ថៃ   ឃ្មាំ
កណ្ដុប   ដង្កូវ

39 - Astronomy

```
ខ ឆ ព វ ៏ ទ ◌ ៈ យ ◌ុ ស ក ស ស ត
យ ត ◌ៈ ទ ៏ អ ៗ វ ◌ះ ◌ៈ ព ហ អ ◌ៈ
ង ហ វ ទ ណ ជ ជ ត ខ េ ក ◌ុ ◌ ៈ វ
ន ក ◌ះ ផ ែ ន ជ ឺ ស ជ ឌ ឌ ជ ឿ
ជ ណ ច អ ង ◌ៈ ក េ ត ទ ឡ ក ជ ស
ឡ ឺ ◌ ទ ើ ណ ក ន ល ◌ ច ន យ ◌ុ
ឡ ក ន ៏ យ ៗ ស ៗ ក វ អ ◌ៈ ង វ
អ ហ ◌ៈ ែ ឆ ខ ស ស វ ៏ ឌ ឌ ទ ◌ៈ
ង ៗ ទ វ ផ ◌ៈ ម ន គ វ ត ើ ជ យ
ណ ហ ច ស ត ព ន ខ ឫ ៗ ឌ យ ជ គ
ណ យ េ ម ណ ហ ភ ៗ ឫ ៗ យ យ ◌ំ ◌ៈ
យ ឌ អ គ ◌ ៍ ទ ព ឡ ◌ំ ត ណ ល ណ វ
ក ៗ ឡ ៗ ក ◌ ់ ស េ ឺ ម ឡ វ េ ៗ
ប ត ង ផ ◌ៈ ក ៗ យ វ ណ ប ព ◌ ៈ ស
```

អាចម៍
អវកាសយានិក
តារាវិទ្ទ
ខនសាន
យឺង
ផែនដី
សុរ្យគ្រាស
ត្រើ
កាឡាក់ស៊ី
កន្ទើយ

ព្រះច័ន្ទ
ដំណោះ
អង្គែត
ភពផែនដី
វិទ្យសក
វ៉ុកខេត
ផ្កាយណោប
មេឃ
ព្រះអាទិត្យ
ផ្ការំ

40 - Health and Wellness #2

អ	ន	◌ា	ម	◌័	យ	ប	ក	ថ	អ	ង	ប	ង	ក
ឱ	ប	ង	ហ	ព	ត	ស	◌ា	◌ា	ប	រ	ដ	ណ	◌ា
យ	ស	◌ឹ	ដ	ន	គ	ព	ឡ	ម	ប	ឱ	អ	ថ	រ
វ	◌ី	ត	◌ា	ម	◌ី	ន	◌ូ	ព	អ	ង	ទ	ង	ង
ជ	ក	ឱ	ឱ	◌ា	ព	ទ	រ	ល	◌ា	ល	យ	◌ឺ	◌ើ
ព	ស	ស	ង	ឈ	យ	ថ	◌ី	ដ	ហ	ន	ឱ	◌ំ	ប
ម	យ	ឌ	ណ	ឌ	ជ	ត	◌ិ	ជ	◌ា	វ	◌ី	ជ	៤
ឱ	◌៉	ស	រ	ព	ថ	ប	ហ	ឡ	រ	យ	ច	ម	ជ
ម	ល	◌ា	ឱ	ន	ស	ហ	◌្	ស	◌ែ	ន	ង	ង	ល
ទ	ណ	ថ	ស	◌ី	◌្	ហ	ដ	ថ	ណ	ឌ	ឡ	ឱ	យ
យ	ឌ	យ	ទ	◌្	ព	◌េ	រ	ទ	◌ី	◌្	ន	ម	គ
ឱ	ម	រ	ត	◌្	ស	◌្	◌ា	ស	ឱ	យ	ស	ណ	ប
ស	◌ុ	ខ	ភ	◌ា	ព	◌ា	ទ	ម	◌្	ង	ន	◌់	ទ
ទ	ព	ដ	ឆ	◌្	ល	ង	ម	◌េ	រ	◌ោ	គ	ដ	ច

ហ្សឺ
សាស្ត្រ
ហា
ឈាម
កាឡូរី
៤.
បបអាហារ
ជំងឺ
ថាមពល
ហ្វែន
សុខភាព
មន្ទីរពេទ្យ
អនាម័យ
ឆ្លងមេរោគ
ម៉ាស្សា
ជីវជាតិ
ការដើប
តឹង
វីតាមីន
ទម្ងន់

41 - Time

រ	ឡ	ច	ជ	ើ	ម	ម	័	ោ	ង	ល	ន	ច	ច
ន	ា	ឡ	ិ	ក	ា	ជ	ម	ប	ឡ	៧	ង	ុ	ុ
ប	៧	ុ	រ	ឺ	ក	ឧ	ង	ុ	ហ	ម	ប	ង	ង
ក	ុ	ប	ឡ	យ	ល	ឧ	ទ	យ	ន	រ	៧	ៃ	ៃ
៧	ឡ	រ	រ	ស	ៀ	ល	ម	ង	រ	ឡ	ម	ន	ច
ឯ	ន	ត	ច	ទ	ស	រ	ត	ុ	ស	រ	់	ោ	ជ
ណ	ា	ត	គ	ា	ន	អ	ឡ	ង	ុ	ច	ទ	ៈ	ឡ
យ	ំ	ប	ត	ទ	ំ	ហ	ហ	់	ត	ា	ុ	ប	ស
៧	ុ	ក	់	ត	ឯ	ឯ	ន	ឡ	រ	ុ	ឡ	ត	ឦ
ណ	ន	ឡ	ជ	ៗ	យ	ខ	ុ	ខ	ទ	យ	ទ	៧	អ
៧	ប	ខ	យ	អ	ន	ៃ	ឡ	ន	ល	ប	ន	ណ	ណ
ប	យ	៧	គ	ច	រ	ោ	ជ	ង	ា	់	៧	ត	ស
ក	ឧ	ទ	ប	គ	ត	ល	ៈ	យ	ហ	ុ	ទ	ច	ច
ប	ុ	រ	ត	ិ	ទ	ិ	ន	ជ	រ	ង	ឹ	អ	អ

ប្រចាំឆ្នាំ   នាទី

ប្រចាំឆ្នាំ	នាទី
មុន	ខែ
ប្រតិទិន	ព្រឹក
វគ្គ	យប់
នាឡិកា	រសៀល
ថ្ងៃ	ឥឡូវ
ទសវត្សរ៍	នាប៉ៗនេះ
ដើម	ថ្ងៃនេះ
អនាគត	សប្ដាហ៍
ម៉ោង	ឆ្នាំ

42 - Buildings

គ	ស	ដ	អ	ក	ើ	ឡ	ដ	ុ	ថ	ា	ន	ម	ម
ណ	ា	ប	ា	ភ	ឌ	ថ	ព	ល	ទ	ព	ជ	ន	ស
គ	ល	ខ	ផ	ា	ច	ឌ	ល	ស	ដ	ហ	ឡ	ុ	ុ
ដ	ា	ទ	ា	ព	ខ	ន	ណ	ម	ឡ	ឡ	ង	ទ	ច
គ	្រ	ទ	គ	យ	ង	គ	ទ	ា	យ	ដ	អ	ើ	ា
ល	ៀ	ន	ម	ន	ហ	ហ	ក	ស	អ	ត	ជ	្រ	ន
ស	ន	្រ	េ	ុ	្រ	ម	ន	ុ	ទ	ើ	្រ	ព	ទ
ប	ណ	ក	ន	ត	ល	៉	ខ	ង	ប	ា	ណ	ិ	ឋ
ុ	ឡ	ុ	ា	ឌ	ត	ប	ោ	ហ	យ	ព	ឡ	ស	ត
្រ	ឡ	ច	ថ	ប	ត	ង	ុ	យ	ល	ម	ល	ោ	ក
ា	ទ	ង	ឌ	ា	ា	ង	ល	គ	ជ	ជ	យ	ធ	េ
ស	ជ	ោ	ន	យ	គ	ើ	់	ត	ង	ល	ស	ន	ុ
ា	គ	្រ	្រ	ម	ស	ា	ន	យ	ឡ	ល	ន	់	ង
ទ	ប	ប	ន	ើ	ទ	ំ	្រ	ស	ា	ុ	ផ	ឡ	អ

អាជ្ញាតមេន	មន្ទីរពិសោធន៍
បាណ	រមន្ទីរ
កាប៊ីន	អង្គែត
ប្រាសាទ	សាលារៀន
ភាពយន្ត	គីឡូដ្ឋាន
ស្ពានទូក	ផ្សារទំនើប
រោងចក្រ	គង់
ហង្សមាស	ឡោន
សណ្ឋាគារ	ប៉ម

43 - Philanthropy

ភ ហ ិ រ ញ ◌̣ ញ រ ត ◌̣ ថ ◌ុ ស ទ
ង ា ឡ រ ណ ឥ ឌ ប ប គ ស ត ហ ◌ំ
ឌ ម ព ង ន ប គ ន ជ ជ ប ម គ ន
ប ច ង ស ស ◌̣ ◌ុ ន ម រ ◌̣ ថ ម ា
ម ឈ រ ប ◌̣ ហ ា ◌̣ ញ ប ប ម ន ក
ក ◌ុ ម ា រ ម ន ជ ស ជ ◌ុ ◌ុ ◌́ ◌́
ថ ឌ រ ប ថ ស ៅ ន ក ប រ ល ថ ទ
ឡ ឡ ◌ុ ណ ◌ើ រ ប ◌ះ ល យ ឌ ន ជ ◌ំ
ច ណ ◌̣ ដ ច ស គ ◌ុ ត អ ល ិ អ ន
យ យ ក ប ល ត ក ទ ប ◌ុ ឌ ធ ន ង
គ ៅ ល ដ ៅ ឥ យ ក ល ◌ុ រ ិ ង ម
ស ា ធ ា រ ណ ◌ះ ង ម គ រ ង ជ អ
ឡ ឡ ល រ ក ា រ រ ◌ុ ◌̣ ត ស ◌̇ ដ
យ ◌ុ រ ជ ន ឡ ធ ◌ើ រ ◌ិ ម ◌̣ ម ក

បញ្ញាប្រឈម   គោលដៅ
សប្បុរ   ក្រុម
កុមារ   ភាពស្មោះត្រង់
សហគមន៍   បេសកកម្ម
ទំនាក់ទំនង   ត្រួវការ
ហិរញ្ញវត្ថុ   មនុស្ស
មូលនិធិ   កម្មវិធី
សប្បុរស   សាធារណៈ
សកល   យុវជន

44 - Gardening

ធ	ជ	យ	ណ	ម	ផ	ន	ឥ	ត	ឱ	រ	យ	ន	រ
ថ	◌ូ	ក	ប	◌់	ល	◌្	ម	◌ុ	ភ	◌ុ	ន	ណ	ជ
ឱ	យ	ល	ទ	◌ុ	យ	◌ោ	ក	ធ	◌ួ	ក	ន	ហ	ឡ
ឥ	ល	◌ឹ	◌ី	ធ	ក	ឥ	◌ឹ	◌ា	ង	◌្	គ	ន	រ
យ	ស	◌្	អ	ដ	ជ	ន	ទ	ស	យ	ខ	ម	ន	ដ
ទ	◌ំ	ស	ច	ឆ	ក	ឆ	ល	ក	ម	ស	ជ	ច	ប
ជ	ណ	រ	ម	ឌ	ប	ណ	ប	◌ា	ន	◌ា	◌ី	ជ	យ
ឱ	◌ើ	ម	◌្	រ	ដ	◌ូ	វ	◌ា	ឥ	ស	ក	ថ	ព
ឥ	ម	ជ	ក	ឆ	ម	ឱ	ន	អ	ច	◌្	◌ំ	ឱ	ល
ណ	ស	ព	◌ា	គ	◌្	រ	◌ា	ប	◌់	ត	ប	ឥ	ជ
ឥ	ល	ឥ	រ	ថ	ន	រ	ឥ	អ	ល	◌្	◌៉	ស	ណ
ក	ម	◌្	រ	ប	រ	◌ិ	ភ	◌ោ	គ	រ	◌ុ	អ	ទ
ឱ	ហ	យ	ឱ	ដ	ឆ	ជ	យ	ឥ	ស	គ	ស	ព	ន
ថ	រ	ថ	ន	ប	ដ	ហ	ព	ទ	គ	ម	គ	ង	ដ

រុក្ខសាស្ត្រ
ភួង
អាកាសធាតុ
ជីកំប៉ុស
ធុ
ធូលី
បរិភោគ
កម្រ
ផ្កា
ម្លប់
ទុយោ
ស្លឹក
សំណើម
ចម្ការ
រដូវ
គ្រាប់
ដី
ទឹក

45 - Herbalism

រ	គ	រ	ឱ	គ	៧	ដ	ហ	ប	ឱ	ណ	គ	យ	អ
ឡ	ា	ី	ទ	ផ	ស	រ	ឌ	ន	ត	ម	៧	អ	រ
ា	រ	ម	រ	័	ា	ជ	ុ	ា	័	ម	ស	រ	រ
រ	័	័	១	ន	្ឌ	ស	រ	ច	រ	ច	ល	ទ	ឺ
េ	ា	ា	ន	ជ	ជ	ឋ	ល	ស	ក	ម	ច	ង	ហ
ន	ហ	៎	ច	ស	ន	ប	ណ	ឺ	ជ	យ	េ	៧	+
ឌ	+	ស	ជ	យ	ណ	ៃ	ន	ទ	ឺ	ា	ន	គ	គ
ឺ	គ	រ	ណ	ជ	ឌ	គ	រ	ឺ	យ	គ	គ	យ	ា
ន	ន	ណ	ទ	ស	ម	ង	េ	+	អ	យ	ង	ិ	ណ
ស	ប	ច	អ	៧	ម	ក	្	ខ	ឡ	ត	ហ	ក	្
ន	ទ	ជ	ជ	គ	យ	ក	ហ	ក	្	រ	អ	្	ប
រ	្	ក	្	ខ	ជ	ា	ត	ិ	យ	ប	ក	ហ	ក
គ	+	រ	េ	ង	ផ	+	ស	ំ	ន	ឱ	ក	ណ	ង
ច	ឡ	ន	ខ	ស	ណ	ផ	ជ	ស	ល	ជ	ជ	ក	ឡ

ក្រអូប	ទ្បាវេនឌី
១.	ម៉ាជ្វាំម
ហ្វេនណល	នាទី
រសជាតិ	អូរីហ្កាណូ
ដ្បា	ជាសលី
សន	វ្ក្ខជាតិ
ខ្ចី	រស់ម៉ារី
បៃតង	រមៀត
គ្រឿងផ្សំ	តារ៉ាហ្គន

46 - Vehicles

យ	ព	ជ	ដ	រ	ស	ំ	ប	ក	ក	ង	់	ក	ដ
ក	ន	ា	ឡ	ជ	ថ	គ	រ	៉	ុ	ក	ខ	េ	ត
្	ា	្	ត	ប	ហ	យ	ត	ដ	ង	យ	ង	ល	ន
ប	យ	រ	ត	ន	ទ	ថ	ន	ព	យ	ត	ង	ក	ា
ូ	យ	ល	ទ	ហ	ជ	ន	អ	្	ល	ល	ម	្	វ
ន	ឧ	រ	ល	័	ោ	ជ	ិ	ះ	ដ	ន	អ	ខ	ា
ឧ	យ	ព	យ	យ	ក	ះ	ច	ព	ឆ	ឆ	ក	យ	ម
ទ	ូ	ក	ប	យ	ឆ	់	ល	យ	យ	ច	ង	ឱ	ុ
ម	៉	ូ	ត	ូ	ល	អ	រ	ច	ន	ឧ	់	ត	ជ
ព	ល	យ	ទ	ព	គ	ម	៉	ា	ស	៊	ី	ន	ទ
ស	ង	្	គ	្	រ	ោ	ះ	ណ	្	ឧ	ប	ប	ឹ
ច	ច	ជ	ឱ	ស	៊	ី	ក	់	ា	ត	ហ	ន	ក
ឧ	ទ	្	ធ	ម	្	ភ	ា	គ	ច	ក	្	រ	យ
ផ	្	ល	ូ	វ	ក	្	រ	ោ	ម	ដ	ី	យ	ម

យន្តហោះ
សង្គ្រោះ
កង់
ទូក
រថយន្ត
ឡាន
លក្ខ
ម៉ាស៊ីន
ជិះ
ឧទ្ធម្ភាគចក្រ

ម៉ូតូ
ក្បួន
រ៉ុកខេត
យាន
នាវាមុជទឹក
ផ្លូវក្រោមដី
តាក់ស៊ី
សំបកកង់
ត្រាក់ទ័រ

47 - Health and Wellness #1

ក ៗ រ ៧ ◌ ̤ យ ៗ ប ៗ ល យ ស ស ក
◌ ̊ រ េ ជ ◌ ̤ ជ ប ណ ◌ ̤ ឧ ◌ ិ ត ៗ យ
ប ទ ម ◌ ̤ ល ៗ ប ◌ ់ ត ស ព ឆ ច យ
ៗ ម េ រ ៅ គ ឡ ដ គ ស ក ហ ◌ ់ ស
ឡ ម ក ត ◌ ិ ប រ ◌ ̤ ន ម ឧ ដ ក
រ ន ត ប យ រ ឌ ◌ ̊ ល ឌ ◌ ̤ ម ◌ ̤ ស
ៗ គ ក ជ ន ម អ ត ◌ ̊ រ ៧ ច ◌ ̊ ក
ក េ ច ៧ យ ប ង េ ន ទ ស យ ឡ ម
អ ស ង អ ◌ ̊ ◌ ̤ ឯ ក ◌ ិ ច ◌ ់ យ គ ◌ ̤
ក រ ៗ ◌ ̤ ម ស ល ◌ ់ ក ក ស ង ច ម
ឌ ស ម ង ឡ ◌ ̤ ប ៗ ក ប ត យ យ អ
ល ក ម ◌ ̈ ណ ប ដ ប ន េ ឧ ឌ ល ឆ
ជ ប ដ ឡ ◌ ̤ រ ន ៗ ◌ ̊ ◌ ̤ ច យ ច គ
យ គ ស អ ឡ ន ច ៗ ◌ ̤ ស ច ស ឌ ឡ

សកម្ម	រប្លស
ប្រាក់តេរី	ផ្ដុំ
ភ្លុដូង	សាច់ដុំ
ភ្លូនិក	សរសៃ
វេជ្ជបណ្ឌិត	ឱសថស្ថាន
ការបាក់	ន្របតិកម
ទម្លាប់	សម្រាក
កម្លស់	ស្បែក
អរម៉ូន	ការព្យាបាល
ប្លាន	មេរោគ

48 - Town

ឧ	រ	ម	ន	ុ	ទ	ើ	រ	ធ	ត	ស	គ	ព	ហ
យ	ន	ស	ថ	ខ	ន	យ	ណ	ន	រ	ណ	ុ	ុ	ៅ
ម	ម	ា	ៅ	គ	ៅ	ម	ង	ា	ហ	ុ	ល	រ	ង
ត	ក	ក	ុ	គ	ថ	ុ	រ	គ	ម	ថ	ឹ	ល	ល
ស	ឡ	ល	ស	ស	ព	គ	ល	ា	ឌ	ា	ន	ា	ក
ៀ	ណ	រ	ថ	ហ	យ	យ	ច	រ	ស	គ	ឹ	ន	ុ
រ	ច	ឹ	ស	ឌ	ន	ត	ង	ប	ម	ា	ក	គ	ផ
ភ	ន	ទ	ឌ	រ	ថ	ន	ន	ណ	ង	រ	ជ	ច	ុ
ៅ	ំ	ុ	ល	ស	ា	រ	ត	ុ	ច	ឹ	ឹ	រ	ក
ថ	ប	យ	ត	ា	ដ	ៀ	ន	ណ	យ	ក	ហ	គ	ា
ប	ុ	ា	គ	ផ	ុ	ល	ដ	ា	ន	ព	ដ	ឡ	ហ
ជ	ឹ	ល	ក	ឹ	ឡ	ា	ង	ល	ជ	ង	ា	ង	យ
ព	ង	ឹ	យ	ឺ	ឺ	ា	ស	់	ស	ស	រ	ភ	ល
ម	ណ	យ	ស	ទ	ក	ស	ដ	យ	ង	រ	ម	ល	ប

ព្រលាន	បណ្ណាល័យ
នំប៉ុង	ទីផ្សារ
ធនាគារ	រមន្ទីរ
សៀវភៅ	ឌិសជ្ជស្ថាន
ភាពយន្ត	សាលារៀន
គ្លីនិក	កីឡដ្ឋាន
ហាងលក់ផ្កា	ហាង
វិចិត្រសាល	ស្ថោន
សណ្ណាគារ	សាកលវិទ្យាល័យ

49 - Antarctica

ន ដ ណ យ អ ន ឧ ទ ក ៀ ៈ ន ឥ រ
ល ហ ន ដ ឡ ភ ប ង ់ ក ស ជ ក ិ
ទ ុ រ ឺ ប ុ ទ ទ ៉ ព ក យ ថ ទ
ត ណ ជ ថ អ ម ុ ុ រ ត ុ ឺ ម ុ
ប យ ថ ជ យ ិ រ រ ដ អ រ ប ទ យ
ត ព ព ក ដ រ ឺ ស ប ណ ិ ៀ ជ ៀ
ណ ង ក ត ឡ ិ ប រ ក អ ភ ស ណ ស
ម ដ ឌ ដ ឡ ទ ឧ ឥ ុ ប អ ក ព ៀ
ដ ឺ ន ប ៀ ុ ណ ស ស ៉ ប ក ថ ស
ទ ឌ ក ឥ រ យ ក ហ ឺ ៉ ក ម ុ ុ
ឺ ន ល ន ថ ៀ ស ុ ិ រ ប ុ ម រ
ក ស ិ ត ុ ណ ហ ភ ៀ ព ម ទ ុ
ស ុ រ ៀ រ ជ ុ រ ៀ រ ឡ ឌ ក ត
ច ឺ ណ ៀ ក ស ុ រ ុ ក ជ ត ឌ ម

ទ្រ	កោះ
បក្សី	ចំណាកស្រុក
ពពក	ប៉ែ
អភិរក្ស	ឧបទ្វីប
ទ្វីប	ស្រាវជ្រាវ
ជួរ	រ៉ក់
បរិស្ថាន	វិទ្យាសាស្ត្រ
បេសកកម្ម	សីតុណ្ហភាព
ភូមិវិទ្យា	សណ្ឋានដី
ទឹកកក	ទឹក

50 - Human Body

ខ	ខ្ជួ	រ	ក	្ម	ប	ៗ	ល	ង	ហ	ព	ជ	ថ	ទ
ជ	ៃ	ម	រ	ៗ	្ម	ម	ល	ន	ក	ត	ង	ប	ង
ក	ខឹ	ុ	ថ	ហ	ខឹ	យ	ល	ទ	ច	ហ	្ម	ជ	ត
ថ	ជ	ខ	ច	ៗ	រ	ច	ង	ច	ជ	យ	គ	ជ	ង
ម	ជ	ថ	ដ	គ	ទ	ច	អ	ថ	ន	ៃ	ង	ឌ	អ
ជ	គ	ព	ជ	ើង	ដ	ុ	ៈ	្ម	ប	់	ប	ណ
ច	ជ	ស	ហ	គ	ង	ព	ក	ន	ហ	ង	គ	ប	ប
ន	ឌ	ថ	ព	ថ	អ	ថ	ដ	យ	ប	ប	ខឹ	ណ
ក	ត	អ	ន	ស	ឺ	ៃ	ដ	ល	ថ	ន	ន	រ	ខឹ
ខឹ	ហ	ល	ប	ៗ	្ម	ក	ច	ៀ	រ	្ម	ត	ម	ស
ត	ឡ	ព	ខឹ	ម	ន	ម	ុ	ៈ	រ	្ម	ច	ៗ	្ម
ម	យ	ម	ត	ខ	ៗ	គ	ៗ	ឈ	ិ	ន	យ	ត	ប
យ	ម	ន	ខឹ	ដ	ខឹ	ត	ប	ទ	ទ	រ	ហ	់	ៃ
ន	ឈ	ៗ	ម	ច	ល	ន	់	ទ	យ	ត	ព	ឌ	ក

ជើង	ក្បាល
ឈាម	បេះដូង
ផ្អើង	ចារ
ខួរក្បាល	ជង្គង់
ឈឹន	បបូរមាត់
ត្រចៀក	មាត់
កែ	ច្រមុះ
មុខ	ស្មា
ម្រាមដៃ	ស្បែក
ដៃ	

51 - Musical Instruments

នយ
ស្លៃឡ្ល
ខារីណេត
ស្វ័រ
គង
ហ្គីតា
ហាម៉ូនីកា
ពិណ
ម៉ង់ដូលីន

ម៉ារីមបា
គ្រន្ធិ
គោះ
ព្យាណូ
ខ្លុយ
ក្រាប់
ត្រុំ
ប្រែ
វីយ៉ូឡុង

52 - Fruit

់	ម	ល	ថ	ន	យ	ម	ប	៉	ោ	ល	ៃ	ុ	ផ
ល	ខ	ុ	ន	ស	េ	ត	ទ	រ	ថ	ស	ន	ល	ុ
ណ	ត	ម	ឡ	ត	ន	ផ	ស	ុ	រ	ៗ	រ	ច	ល
ង	ង	ុ	ទ	អ	ហ	ឡ	ផ	ច	ច	ង	ថ	ខ	ៃ
យ	ហ	ត	ប	ំ	ឧ	ស	អ	រ	៉	ៃ	ឈ	ឡ	ប
ទ	ុ	ក	៧	ថ	៧	ជ	៧	ុ	េ	ដ	ល	ក	៉
ម	ុ	ន	ៗ	ស	់	ៗ	ឧ	ុ	ល	ន	គ	យ	រ
យ	ល	គ	ង	ហ	ស	ល	ំ	ក	រ	ុ	ប	ភ	៧
ប	ៃ	គ	ៃ	អ	ង	ក	ល	ង	ថ	ហ	រ	គ	យ
ៃ	ុ	ច	ឧ	រ	ឌ	ឧ	៧	ថ	ប	ន	ឡ	អ	៧
រ	ផ	ម	ក	៧	ៃ	ក	ច	គ	ន	ៗ	ដ	ុ	ជ
ៃ	ក	ុ	រ	ុ	ច	ន	ុ	ម	ៗ	អ	យ	ថ	ហ
ទ	ប	ដ	ណ	ឌ	ច	េ	ក	ប	ន	ង	ដ	ន	ឧ
ផ	ុ	ល	ៃ	ប	៉	ៃ	ស	យ	ង	យ	ម	ជ	ល

ផ្លែប៉ោម   គីវី
ល្ហុង   ក្រូចឆ្មា
ផ្លែប៊ឺរ   ស្ពា
ចេក   នែជជេន
ប៊ីវី   ក្រូច
ឈេរី   ល្ហុង
ដូ   ផ្លែប៉័រស
រូបភាព   ផ្លែ
ទំពាំងបាយ   ម្កាស់

53 - Engineering

ជ ម ក រ ន ស ត ខ ស គ ខ ម យ ក
ទ ញ ឩ ៗ យ ឩ ត ប ម ល ជ ៉ ប ស
ក ល ុ ៎ រ រ ៅ ្ ម ជ ច ម ៗ ឩ ម
ទ ខ ណ ជ ប ច ត ជ ជ ន ៉ ស ច ច
ជ ស ត ជ ៎ ៊ ហ ៈ ប ឩ ស ្ ៉ ្
ថ ៗ ម ៧ ល ង ន ក ៧ ៎ ត ្ រ ក
ស ្ ថ ិ រ ភ ៗ ៧ ច ៎ ត ៗ ៗ
ក ក ម ្ ល ៗ ំ ង ជ ៎ ច ន ន រ
្ ក ៗ រ គ ណ ន ៗ ្ ៉ យ ខ ជ ក
្ ស អ ឆ ណ ត ណ អ យ ម ណ ច ឡ ក
អ ក ឡ ង រ ៎ ស ៎ ៗ រ គ យ ច ិ
អ ង ្ ក ត ៎ ផ ្ ច ិ ត ម ន ត
រ ច ន ៗ ស ម ្ ៧ ៎ ន ្ ធ ថ ខ
យ យ ជ ង យ ម ហ ត ត ល គ ម ជ យ

ម៉ុំ	ជញ្ជើង
អក្ខរ	រវ
ការគណនា	ម៉ាស៊ីន
ជម្រៅ	រាស់វែង
ដ្យា	ម៉ូតូ
អង្កត់ផ្ចិត	ប្រាន
ម៉ាស៊ីត	ស្ទិរភាព
ការចែកចាយ	កម្លាំង
ថាមពល	រចនាសម្ព័ន្ធ
ការកកិត	

54 - Kitchen

រ ឥ ព ព ម ឆ ម ឡ ព យ ស ឡ ង ច
ហ ុ ង ៃ ប ណ ្ ដ ៅ យ អ គ យ ៀ
ៀ ទ ប ជ ង ស ៃ ្ ន ក ៗ ក ទ ង
ៀ ឡ ឺ ម អ ្ ក ក ៗ ឹ រ ជ ប ឌ
អ រ ុ ឡ ន ល ឡ ហ ច ទ អ ឡ ស ន
អ យ េ ត ត ្ ណ ច ង ណ ៀ ព ស ជ
ឌ ៃ អ យ ឌ ឌ ត ស ង ណ ម យ ជ ស
គ ្ រ ៀ ង ទ េ ស ំ ្ ជ ម ម ម
ង ស ន ឌ អ ជ ទ ន ៗ ឡ ក អ ន ្
គ ម ន ឆ ត ម ព ឌ អ យ យ ឺ ព ល
ជ ក ក ក ទ ឹ រ ្ ទ ជ ត គ ៈ រ
អ យ ង ប ន ណ ក ៗ ំ ប ិ ត អ ៗ
រ ថ ឌ យ ហ ឌ រ ជ ជ ន ទ ហ យ ្
ល ណ ព ក ឌ ជ ឌ ប ប ឱ ឌ ទ គ ព

អាវអើៀម   កមស្យេរ
ចាន   កាំបិត
ចង្ក្រានៈ   សម្ភរ
ពៃង   កន្សែង
អាហារ   រូបមន្ត
បណ្ដោយ   ទូរទឹកកក
ទឹក   គ្រឿងទេស
អាំង   អេប៉ុង
ចា   ព្រា
កញ្ចម

55 - Government

ថ	ឡ	ជ	ស	ឡ	ណ	ឨ	ស	អ	ធ	ត	វ	៧	ង
២	២	ល	េ	ឨ	គ	រ	ន	ម៊	ម	ុ	ិ	៧	ណ
ន	ល	យ	រ	រ	៧	ន	ន៊	ន	ិ	ល	ម	អ	ច
ជ	អ	ជ	ើ	ក	ង	ហ	ត	ក	ម	ា	ណ	ល
យ	ឡ	យ	ភ	ព	គ	ព	ិ	ដ	ន	ក	ន	ស	ព
យ	យ	ប	ា	ោ	យ	ន	ភ	ឺ	ា	ឧ	ត
ជ៊	៊	ស	ព	ឌ	ជ	រ	ា	ក	ញ	រ	ស	ន	អ
ជ	ឌ	ត	រ	ដ	ជ៊	ថ	ព	ន	ន	ជ
ក	ទ	ត	ជ៊	ណ	អ	ច	ច	ា	ញ	ស	រ	ទ	ា
ច	ឡ	ព	ណ	ត	ង	ណ	ង	ំ	ប	ិ	រ	ត
ន	ឡ	ឈ	ត	ធ	ិ	ទ	ជ៊	ិ	ស	ើ	ក	ក	ិ
ច	ជ៊	ប	ា	ប	់	ធ	ច	ដ	ឌ	រ	រ	ថ	ជ
ស	ម	ភ	ា	ព	ហ	ន	ម	ហ	ព	ិ	ន	ា	ជ
ហ	ង	ថ	យ	ឌ	ជ	ង	ស	ំ	ត	ល	ន	រ	ជ

២. ២
ស៊ីវិល
ធម្មនុញ្ញ
ស្រុក
សមភាព
ជួរ
តុលាការ
យុត្តិធម៌
ច្បាប់

អ្នកដឹកនាំ
សេរីភាព
វិមាន
ជាតិ
សន្តិភាព
នយោបាយ
សិទ្ធិ
សុន្ទរកថា
រដ្ឋ

56 - Art Supplies

ក	ឱ	ឃ	ល	ទ	ឃ	ន	ជ	ច	ដ	ឆ	ក	ទ	ឃ
ស	ន	ត	ង	ល	ឆ	រ	◌័	ច	◌ី	ឡ	ព	ឃ	ថ
ព	ឆ	ដ	ឌ	ព	ន	ច	រ	ឡ	ត	ន	ង	ស	រ
ច	ក	ទ	◌ឹ	◌៌	ណ	ព	ល	គ	ដ	ក	គ	ច	អ
គ	◌ៅ	រ	ឃ	ណ	អ	ម	◌ុ	ត	◌្	ព	ហ	ប	◌ោ
ឃ	អ	◌៉	ល	ឃ	ត	ឃ	ប	ន	ឋ	ឃ	ម	◌្	ឃ
រ	◌ី	◌ា	ហ	ច	ដ	ហ	គ	ដ	ត	ដ	ង	រ	ណ
ខ	◌្	ម	◌ៅ	ទ	◌ឹ	ក	ថ	◌្	ន	◌ា	◌ំ	◌េ	ជ
ល	ប	◌េ	អ	◌ិ	ឌ	ម	◌ឹ	ឃ	◌ិ	ឡ	ស	ង	ក
ព	គ	◌ា	ប	ប	ប	ក	ក	ទ	◌ំ	ឌ	ន	រ	◌់
ច	ណ	ក	ប	ឡ	ត	ឱ	ហ	រ	គ	ព	ព	◌ា	ហ
ស	ល	◌៌	ឱ	រ	ឱ	គ	ជ	ព	ល	ទ	ឃ	◌ា	ថ
ច	◌្	ន	◌ៃ	ប	◌្	រ	ឌ	◌ិ	ត	ឌ	គ	ត	ឱ
ស	ឃ	ឃ	ក	◌្	រ	ដ	◌ា	ស	ណ	ឡ	ព	ទ	ណ

អោយ
ជក់
កាមេរ៉ា
កៅអី
ដីឥដ្ឋ
ពណ៌
ច្នៃប្រឌិត
ជ័រលុប
បិទ
គំនិត
ទឹកថ្នាំ
ប្រេង
ក្រដាស
ខ្មៅ
តារាង
ទឹក
ពណ៌ទឹក

57 - Science Fiction

ភ	◌ៅ	រ	◌ៀ	ស	◌៊	◌ី	ក	◌់	ឡ	◌ា	◌ា	ក	ស
ស	ទ	យ	ត	ន	◌្	យ	ព	◌ា	ភ	ឌ	ឆ	ណ	◌េ
ស	ង	ឱ	ទ	ឆ	រ	រ	ឆ	ព	ង	អ	◌្	ដ	ណ
អ	ន	◌ា	គ	ត	ម	ជ	ម	◌ី	◌ី	គ	ង	យ	◌ា
អ	ស	◌្	ច	◌ា	រ	◌្	យ	◌ៃ	ណ	ថ	◌ា	ក	រ
ម	ន	◌ុ	ស	◌្	ស	យ	ន	◌្	ត	អ	យ	◌ា	◌ី
ឱ	ភ	អ	◌ា	ថ	◌៌	ក	◌ំ	ប	◌ា	◌ំ	ង	រ	យ
ហ	ឆ	ព	អ	ជ	ណ	ឡ	ក	ខ	ស	ព	ល	ប	◌៉
ទ	◌ុ	◌ះ	ផ	◌្	រ	◌ា	ក	◌្	ទ	◌ិ	◌ើ	◌ំ	◌ូ
ល	ម	ប	អ	◌ែ	ង	ឌ	ថ	ល	ដ	ភ	◌្	ភ	ច
ត	ន	ដ	ង	យ	ន	ណ	ប	◌ា	ឱ	ព	ភ	◌ា	ស
ឆ	ឌ	ប	យ	ច	ហ	ដ	ទ	◌ំ	ង	ល	ព	ន	ឱ
អ	◌ា	ត	◌ូ	ម	◌ិ	ក	◌ី	ង	ឡ	◌ោ	ឌ	◌់	ព
ន	យ	ត	ប	ស	ស	ង	◌្	គ	ម	ក	ន	ស	ឌ

អាតូមិក
សៀវភៅ
គីមី
ភាពយន្ត
ឆ្ងាយ
ការផ្ទុះ
ខ្លាំង
អស្ចារ្យ
ភ្លើង
អនាគត

កាឡាក់ស៊ី
ការបំភាន់
ស្រមៃ
អាថ៌កំបាំង
ភពផែនដី
មនុស្សយន្ត
សេណារីយ៉ូ
សង្គម
ពិភពលោក

58 - Geometry

អ	ច	អ	៧	ច	ដ	រ	យ	ខ	ដ	ក	ឋ	ត	អ
អ	រ	ំ	ទ	ុ	រ	ឿ	៧	ុ	ម	ឡ	៉	ក	ង
អ	ត	យ	ន	ផ	ុ	ទ	ែ	ស	ង	ម	ៗ	ុ	ុ
ន	ុ	អ	ទ	្ឌ	ត	ណ	ង	ែ	យ	យ	រ	ក	ក
ច	ម	ច	ឡ	ម	ន	អ	ន	ក	ស	រ	៉	ស	ត
អ	ា	ត	អ	ដ	ុ	ង	គ	ោ	រ	ត	ៗ	ម	់
ទ	ា	ឺ	ម	ច	ម	ំ	អ	ង	ង	ុ	ឡ	ឺ	ផ
គ	ម	ស	់	៧	ុ	ម	ក	ម	ផ	ម	ែ	ក	ុ
ណ	ស	ុ	ស	ខ	ច	ណ	ដ	េ	ស	ា	ល	ា	ច
ក	ុ	រ	គ	ណ	ន	ៗ	េ	ឧ	យ	ិ	ដ	រ	ិ
ទ	៉	ឺ	រ	ច	ស	៧	ុ	ា	ហ	រ	អ	ឆ	ត
អ	ម	ុ	យ	ឡ	យ	អ	ផ	ល	គ	ហ	ម	ដ	ទ
យ	ជ	ទ	ត	ុ	រ	ឺ	ក	ោ	ណ	ក	រ	ជ	ក
៧	៧	យ	ន	រ	ង	ុ	រ	ង	់	ស	រ	អ	ហ

ម៉ុំ	ម៉ាស
ការគណនា	មេខ
រង្វង់	ចំនួន
ខ្សែកោង	ប៉ារ៉ាផ្សែល
អង្កត់ផ្ចិត	សមាមាត្រ
វិមាត្រ	ជ្រា
សមីការ	ផ្ទៃ
កម្ពស់	ទ្រនិច
ផ្នែក	ទ្រនិស្តិ
តក្ក	ត្រីកោណ

59 - Creativity

ស ស ប យ ណ អ ន គ ល ច ទ ឡ ត ស
ិ ្ ព ឡ ន ស ហ ក ហ ៗ ទ ណ ន ក
ល រ ង រ ច ្ ស ប ជ រ គ ជ ិ អ
្ ម ក យ ន ច ល ង រ ណ ត ត គ ង
ប ែ ង ម ង ៗ ច ម ជ ញ ន ៗ ំ ជ
ៈ យ ង ល ល រ ណ រ ង ៗ ិ ណ ស ទ
រ ន ជ យ រ ្ ង ៍ ម ណ ំ ស ផ ជ
ឆ ុ ជ ឱ គ យ ជ ណ ម ឆ គ យ ុ ង
ន ជ ប ប ញ ្ ច េ ញ ម ត ិ ប យ
ឩ ឆ ន ភ ល ច ម ៗ ំ ប ្ ជ ំ ព
យ ស ំ ល ៗ ស ំ ប ៗ ្ ច រ រ យ
ឆ យ ឡ ក ត ព ជ ស ង ឯ ជ ជ ៗ ហ
អ ៗ ំ ង ត ង ំ ស ំ ឺ ត េ ក អ
ភ ៗ ព ត ្ រ ឹ ម ត ្ រ ្ រ យ

សិល្បៈ	ស្រមៃ
ភាពព្រឹមព្រួវ	ការបំផុសគំនិត
ច្បាស់លាស់	អាំងតង់ស៊ីតេ
អស្ចារ្យ	ចារណេញ្ញាណ
អារម្មណ៍	ជំនាញ
បញ្ចេញមតិ	ងកងង
គំនិត	ម៉ាំ
រូបភាព	

60 - Airplanes

អ ក ន ជ ន ប ប ល ៗ ស ុំ យ ុំ ច
ត ំ ជ ុំ ខ ុំ ខ ព ត ក ន ព ម ក
ស ព ហ រ ក រ ក ុំ រ ៗ ន ច រ ម
ហ ស ហ ុំ ច ែ ត ស ថ យ ស ល ណ ុំ
អ ់ អ ស ុំ ង ឧ ន ខ ៗ ៗ ៗ េើ ព
អ ៅ រ ែ ៈ ត ម ត ស ិ ើ ច ជ ស
ន អ ែ ន ន ន ម ន ហ រ ៗ ល ំ ់
ច ៗ ជ រ ង ុំ ប ឧ ម ប ៉ ជ ក គ
ខ ន រ ក ច ធ ម ស យ េ ម យ ន យ
ច ជ ស ិ រ ន ព ទ ិ ស ជ ៅ ុំ ឡ
ព យ ណ ម ក ៈ យ ង ឡ ុ ៗ ប អ ទ
អ ៗ ក ៗ ស ធ ៗ ត ុ ខ ន ៉ ឡ ឆ
ស យ ជ រ ឡ ម ជ យ ល ប ស ោ ស ត
ខ ម ក ខ ន ម ត ក ក ប យ ង ស ឆ

ផ្ទៃរ	កម្ពស់
កំពស់	ជ្រុសែន
បរិយាកាស	ជ្រោង
បានឡើង	រុករក
នាវិក	អ្នកដំណើរ
ុះ	ឲ្យស្លាប
ថែនា	មេឃ
ទិសដៅ	ពចលាចល
ម៉ាស៊ីន	អាកាសធាតុ
ប្រែងគន្លន:	

61 - Ocean

ឡ ជ ប ណ ន ន ត ប ជ ត ស ៅ ្ ផ
ក ជ ង ជ យ ណ ្ ម ច ្ ក ៅ ្ ផ
ហ ឺ ្ រ ឡ ជ រ ក ល រ ឺ ្ ត ស
យ ព គ រ ច ហ ើ ត ម ើ ៈ រ ជ ា
ព ន ្ ទ ស ច ប ើ ន ន ឡ ្ ល រ
ស ្ រ ៅ យ ្ ៅ ្ ង ្ ទ រ ប ៉
ព រ ស ល យ ហ ឡ ណ ជ ល ៅ អ ិ ៅ
ន ្ ច ល ទ ្ ៃ អ ណ ៅ ្ ធ ំ យ
ប ង យ ន ម យ ន ណ ប ម ច ជ អ គ
ច ល ជ ្ ម ស ច ច ជ ត ឌ ឌ ប ច
ប ណ ត អ ៈ ង ៅ រ ហ ៅ យ ទ យ ន
អ េ ប ៉ ្ ង ឡ ណ ជ ្ ស ត អ ច
ក ជ ក ទ ច ហ ឡ ឡ ន ក ព ន យ ស
ស ទ ច ប អ ឌ យ ឌ គ រ ហ ហ ជ ព

សារាយ	អំបិល
ផ្កាថ្ម	សារ៉ាយ
ក្តាម	ត្រីឆ្លាម
ផ្សោត	បង្គា
អែល	អេប៉ុង
ត្រី	ព្យុះ
ចាហ្ួយ	ធូណា
ហឺ	អណ្ដើក
ងារ	លេក
ប្រះ	ត្រីបាឡែន

62 - Force and Gravity

គ	ច	ម	ឱ	ទ	ឈ	យ	យ	ត	ព	ង	ឱ	ថ	រ
ត	ធ	ត	េត	យ	ម	ៗ	ក	ប	ថ	គ	ត	៉	
ក	ព	ព	ង	ក	ង	រ	ទ	ន	ទ	ម	ជ	ថ	ិ
ជ	ា	ន	ល	ច	ា	ច	្ង	ង	ល	្ង	ន	គ	ច
ធ	្ង	រ	ប	ត	្ង	ន	រ	ន	្ង	ក	ឱ	ស	ទ
ង	ម	ថ	ក	ឆ	ម	ល	ិ	ស	ប	រ	ស	ម	្ង
រ	ស	ា	ជ	ក	ច	ន	ប	ច	េៀ	ើ	ក	្ង	រ
អ	ក	ម	យ	យ	ិ	ក	្ង	ន	ន	្ង	ក	ប	ទ
ញ	្ង	រ	ង	ល	ច	ត	រ	ឡ	ង	ង	ម	ត	ម
្ង	៉	ន	ព	េល	រ	េ	ល	ា	ព	រ	្ង	្ង	
ជ	អ	្ង	អ	ត	ហ	អ	ឱ	ត	ន	ជ	ព	ត	ង
េើ	អ	ត	ម	ជ	្ង	ឈ	ម	ណ	្ង	ឈ	ល	ិ	ន
ញ	េើ	យ	ក	រ	ត	ជ	ជ	ស	ង	ត	ង	ប	៎
យ	អ	ជ	ហ	ហ	ជ	ជ	ហ	ន	ន	ហ	ព	ឱ	ព

អក្សរ	ចលនា
មជ្ឈមណ្ឌល	គន្លង
រកឃើញ	រូបវិទ្យា
ចម្ងាយ	ភព
ថាមវន្ត	សម្ពាធ
ពន្លើក	សម្បត្តិ
ការកកិត	ល្បឿន
អញ្ជើញ	ពេលវេលា
វិធីទ្រ	សកល
មេកានិច	ទម្ងន់

63 - Birds

ស	ក	ឌ	ឱ	យ	ហ	គ	ឌ	ឌ	ស	ត	ត	ជ	ស
ត	្ង	ឯ	ច	ណ	្ង	យ	្ង	ំ	ន	ប	គ	្ង	
ន	ណ	ក	ក	ជ	រ	ទ	្ង	្ង	រ	្ង	យ	ទ	្ង
ឥ	ង	្ង	្ង	ក	ឡ	រ	យ	រ	ប	ទ	ក	ហ	ត
ឌ	ឌ	ហ	ជ	អ	្ង	ត	យ	ឌ	ទ	្ង	ជ	្ង	ស
រ	ទ	ទ	ម	្ង	ម	ល	ស	ម	ត	រ	ហ	គ	ឌ
្ង	្ង	ស	ក	្ង	្ង	ប	ន	រ	ឡ	្ង	ទ	្ង	យ
ណ	ឡ	្ង	ច	ក	ង	ម	ក	្ង	យ	ប	៖	ល	ង
្ង	អ	យ	៧	ក	ហ	អ	្ង	ក	្ង	ង	្ង	ក	ជ
្ង	ន	ង	យ	៧	្ង	ច	្ង	ន	ត	ច	ប	្ង	ច
ក	យ	ឌ	ប	ន	គ	ឌ	ទ	្ង	ឌ	រ	ណ	ល	
ស	្ង	រ	្ង	ន	្ង	ហ	ប	ប	យ	ឥ	ជ	ស	ប
អ	ប	អ	ន	៧	យ	ឡ	ឡ	ន	ន	ជ	្ង	ន	រ
ង	៧	រ	រ	ជ	ល	ទ	យ	ម	គ	ត	ច	ង	អ

កាណារី	សំ
មាន់ទា	ជ្រោះ
ក្ងែក	សេក
ទា	ក្ងោក
តម្រើ	ទុង
ស៊ុត	បេនករី
ហ្វ្លាមីងហ្គោ	ព្រា
ក្ងា	ចាប
ហ្គល	ស្ពាន
ហាក	ទុកាន

64 - Art

ឧ	យ	ដ	ណ	ទ	ប	ន	ធ	ា	្រ	ុ	ប	ម	ផ
ស	ុ	ម	ុ	គ	ស	្	ម	ា	ញ	្រ	ញ	ដ	្
ល	ង	យ	ច	ម	ិ	្រ	៉	ា	សេ	្	ើ	ទ	
ជ	ម	គ	យ	ស	អ	គ	្រ	ប	លៀ	ច	ម	ា	
អ	យ	ច	ណ	ត	ន	ា	ំ	ក	ណ	ន	ៀ	ប	ល
ច	ម	្	ល	ា	ក	៑	្រ	ន	ឧ	ម	ញ	ំ	់
ត	ល	ច	ជ	ព	ប	ើ	ច	ម	្	ទ	ម	ផ	ខ
ស	ា	ម	ញ	្	ញ	ត	្	អ	្	្រ	គ	្	្
ស	ម	ា	ស	ភ	ា	ព	ព	ង	អ	ម	ិ	ស	ល
ក	ច	ន	្ឡ	ប	ឩ	្ឡ	្រ	ទ	ប	ឧ	ណ	ល	្ល
ស	្	ម	ៅ	ៈ	ត	្	្រ	ង	៑	ស	ណ	៌	ន
អ	ន	ិ	ម	ិ	ត	្	ត	ស	ញ	្	ញ	ា	អ
ក	ំ	ណ	ា	ព	្	យ	គ	ល	យ	យ	ម	ដ	ង
ប	ស	្ឡ	ច	ស	្ឡ	យ	គ	ព	ង	ព	្ឡ	ច	ជ

សេវាមិច	គំនូរ
ស្តុតស្មាញ	ផ្ទាល់ខ្លួន
សមាសភាព	កំណាព្យ
បង្កើត	ចម្លាក់
បញ្ចេញមតិ	សាមញ្ញ
ស្មោះត្រង់	ប្រធានបទ
បំផុស	ស្រទៀន
អារម្មណ៍	និមិត្តសញ្ញា
ដើម	

65 - Politics

ជ រ រ ឧ ណ ស អ ឧ រ ជ រ ក រ យ
ន ក ស ត ម ន ៧ ថ យ ជ គ
យ យ ៗ ណ ក ភ យ ទ រ គ រ ឩ ទ
ជ ប ន អ យ ៗ ង ថ គ ោថ ង
ដ ៗ ៧ គ ៧ ថ ប ន ល ា ម ឡ ធ
ន ថ ធ ភ ណ ៧ ន ម ច ន ភ ប ណ ស
ម ទ ៗ ច ៧ ច ល ក យ ត ៗ
ជ ម រ ើ ស ន ៧ ឡ ោ ប រ ល ស
ន ហ ឺ ជ គ ស ឧ ប ា ឺ ទ
ស ក យ ោ ៗ អ យ ឡ ធ ៗ ល ប ច រ
ជ ថ ត ស ត គ យ យ ន យ ជ ន ន
២ ន ច យ ិ ត ម ស ើ ល ធ ម គ
២ អ ម ហ អ ន ក ន យ ោ ប យ
ប ោ ក ខ ជ ន ស ក ម ម ជ ន

សកម្មជន   រដ្ឋាភិបាល
យុទ្ធនាការ   ជាតិ
បេក្ខជន   មតិ
ជម្រើស   គោលនយោបាយ
២.២   អ្នកនយោបាយ
ក្រុមប្រឹ   យុទ្ធសាស្ត្រ
សមភាព   ពន្ធ
សីលធម៌   ជ័យជំនះ
សេរីភាព

66 - Nutrition

ទ	ឡ	អ	ឡ	ឱ	ក	ថ	វ	ថ	យ	ទ	ឱ	ល	វ
◌ី	ល	ល	យ	ណ	ប	◌ា	ឌ	◌ី	ម	◌េ	ប	ត	ស
ក	ល	ច	ព	ល	ន	ហ	ឡ	ដ	ត	ឱ	ថ	ត	ជ
ជ	ទ	ម	◌្រ	ង	ន	◌់	ហ	◌ូ	ឌ	◌ា	ឆ	ជ	◌ា
◌្រ	អ	ប	◌់	ល	◌ា	◌្រ	ម	ទ	វ	ឡ	ម	អ	ត
វ	ជ	វ	ប	យ	ព	ន	ត	ទ	ល	◌ី	ង	◌ី	◌ិ
ល	◌ូ	◌ា	ន	អ	◌ិ	◌ី	ត	◌េ	វ	◌ូ	◌្រ	ប	ន
ក	វ	ន	ព	ភ	◌ា	ខ	◌ុ	ស	ដ	គ	ជ	ក	ទ
◌់	អ	ជ	ម	ល	ច	ហ	ស	យ	ប	◌ុ	◌ា	ន	ណ
ន	យ	ល	◌ា	វ	◌ំ	វ	◌ា	ក	វ	ណ	ត	ន	ទ
ត	◌ុ	ល	◌្រ	យ	ភ	◌ា	ព	វ	◌ិ	ភ	◌ិ	ទ	ស
ស	គ	◌្រ	វ	◌ឿ	ង	ទ	◌េ	ស	ភ	◌ា	ព	ឡ	ទ
គ	ជ	ទ	ត	ថ	វ	ថ	ព	ណ	◌ោ	ព	◌ុ	គ	ល
ស	ស	ឡ	ក	ប	ម	ន	ល	ឆ	គ	យ	ល	ហ	ឆ

ហា
តុល្យភាព
ជូរ
កាឡូរី
របបអាហារ
ការរំលាយ
បរិភោគ
មេ
រសជាតិ
ទម្លាប់
សុខភាព
ភា
ប្រូតេអ៊ីន
គុណភាព
ទឹកជ្រលក់
គ្រឿងទេស
ជាតិពុល
វីតាមីន
ទម្ងន់

67 - Hiking

ឌ	ឱ	ត	រ	យ	ទ	ុំ	ស	អ	ល	ល	ទ	ក	ម
ទ	ជ	ុំ	រ	ុំ	ុំ	ន	ក	ា	ព	ព	ប	ា	គ
្ន	ង	ស	ត	្ន	រ	យ	ព	ក	ម	គ	ន	រ	្ន
យ	ជ	ព	្ឺ	ល	ជ	ច	ា	ក	្ន	ជ	រ	គ
ា	ើ	ស	ន	ឌ	ដ	ទ	រ	ស	ព	រ	ច	ៀ	ុ
ន	ក	គ	ត	ល	អ	ន	ៈ	ធ	ប	ោ	ល	ប	ទ
ស	ប	ណ	ិ	អ	ច	គ	អ	ា	ឌ	ៈ	យ	ច	ុ
ណ	ៃ	ល	ជ	រ	ដ	ទ	ា	ត	ជ	ថ	ណ	ុំ	ទ
ច	ុ	រ	ា	ុំ	ង	ឺ	ទ	ុ	ល	ុ	យ	ឌ	េ
ប	ស	ណ	ម	ព	ជ	ក	ិ	ទ	ឺ	ន	ៃ	ធ	ស
ភ	ច	ធ	ុ	ង	ន	់	ត	ច	យ	ា	ណ	ជ	ក
ល	ុ	ល	ម	ក	ល	ឌ	ុ	ត	ក	ក	ស	ង	៌
ម	ល	ន	ធ	ណ	ស	ត	យ	រ	ន	់	គ	អ	ន
ទ	ន	ត	ុំ	ឡ	ហ	ជ	ប	ស	ព	ព	ុ	រ	ៃ

សត្វ	ធម្មជាតិ
ស្បែកជើង	ទិស
ជំរុំ	ឧទ្យាន
ប្រាំង	ការរៀបចំ
អាកាសធាតុ	ផ្លូវ
មគ្គុទ្ទេសក៍	ពូល
គ្រោះថ្នាក់	ព្រះអាទិត្យ
ផ្លូវន៍	ទឹក
ផែនទី	ព្រៃ
ភ្នំ	

68 - Professions #1

ឧ ប គ ឡ ល ថ ឧ ច ត យ ធ ឧ ត រ
ស ត ថ ន ម ណ ប យ ន ន ន ត ៗ ែ
ថ ទ ុ រ ិ ត ត ្ ិ ច ្ រ រ ជ
ក ្ ឡ ៣ ថ យ ក ណ ន ច ៣ ត ៗ ្
ៗ ជ ថ យ ស ន អ ន ហ ុ ន ត រ ជ
រ រ េ ជ ច ថ យ គ ហ គ ិ ឡ ិ ប
ី ៗ ន ន ន ឧ ៣ ឧ ន យ ក គ ទ ណ
ង គ ឧ ប យ ណ រ ប ង ម ន ហ ុ ្
ជ ្ រ ជ ឧ ម ុ ឧ ឧ េ ្ ថ ណ ឧ
ស គ ល ថ ជ ន យ ម េ ធ អ ម ថ ិ
គ អ ហ ិ ន ទ ់ រ ត ៗ ហ ទ ឧ ត
ឧ ក ទ ឹ ង ់ ៣ ំ ប រ ន ណ គ យ
ឡ ង អ ្ ន ក រ ៗ ំ ី ៣ ជ ហ ហ
អ ្ ន ក ល េ ង ៣ ្ យ ៉ ៗ ច យ

ឯកអគ្គរាជទូត   ហិនវ័រ
តារាវិទូ   ជ្រ
មេធាវី   គ្រិនុប្ប
មេ   ឧិសថការី
រុយ   អ្នកលេងព្យ៉ា
អ្នករាំ   បំពង់ទឹក
វេជ្ជបណ្ឌិត   ចិត្តវិទូ
អ្នកនិពន្ធ   ដេរ

69 - Barbecues

ផ ក ច រ ឌ ហ អ ណ ទ ង ណ ម ក ទ
ម ុ អ ត ៅ ុ ក ាណ ន ន ិ ត ឺ
ត ឥ ល ដ ឌ គ ប រ ហ ល ប ត ន ក
ណ រ ព ែ ម េណ ដ ៣ ា ដ ុ ុ ដ
រ ច ម ម ឈ ម ុ យ ុ រ ត ត ុ
ដ ង ំ ា អ ើ ដ រ គ យ ម វ ុ
ម ា ន ់ ឥ ា ៅ ក ុ ម ា ក រ ល
ស ល ព យ ល ឌ យ ុ រ ឱ ុ ឺ ក
ា ុ ហ ទ ឌ គ ឌ ត ុ គ ក ត ល ់
ឡ ល ស ម ស ត ច ៅ ស ល ប ិ ំ អ
ា េ រ ដ ត ប ិ ំ ា ក ប ន ទ ប
ត ព ឥ គ ឱ ច យ ថ រ ង ប ឥ ព ឱ
់ ប ឺ េ ង ប ៃ ៅ ៖ ឱ ឌ ម ត យ
ប ន ុ ល ៃ ហ ព ស ត ថ ឥ ណ ក ស

មាន់ឆ	ក្តៅ
កុមារ	ឆ្លាន
ពេលល្ងាច	កាំបិត
គ្រួសារ	គន្លើ
អាហារ	សាឡាត់
បណ្ណោយ	អំបិល
មិត្តភក្តិ	ទឹកជ្រលក់
ផ្លែឈើ	រដូវក្តៅ
ហ្គេម	បែ៉ងប៉ោះ
អាំង	បន្លែ

70 - Chocolate

ស	ស	ណ	◌្	ត	◌ែ	ក	ដ	◌ី	ឆ	ជ	រ	ឱ	ទ
គ	◌ំ	គ	ម	ន	ជ	ទ	ដ	ទ	◌្	គ	ស	ឌ	ដ
ឆ	◌ុ	ណ	◌្	ល	រ	អ	ហ	ថ	ង	ឌ	ជ	ឆ	ក
ក	ទ	ណ	ព	រ	ឌ	ទ	ឡ	គ	◌ា	ឆ	◌ា	រ	ជ
◌ា	ឱ	ក	ភ	◌្	◌ឿ	ជ	ទ	ប	ញ	ក	ត	◌ូ	◌ូ
ឡ	អ	ឡ	ន	◌ា	វ	ង	ឆ	ឆ	◌់	ម	◌ិ	ប	រ
◌ូ	ឡ	ហ	ឡ	ណ	ព	ឌ	ផ	ណ	ង	◌្	ឱ	ម	ក
រ	ន	ឌ	ក	ជ	ត	ថ	ច	◌្	ន	រ	ណ	ន	◌្
◌ី	ឡ	ជ	◌ា	ម	◌្	ស	◌ៅ	ត	ស	ក	ឱ	◌្	ស
ន	ត	ហ	ក	ទ	ហ	ជ	ក	ថ	ឆ	◌ំ	ម	ត	ឌ
ជ	ដ	ត	◌ា	ប	◌្	រ	ឆ	◌ា	◌ំ	ង	អ	◌ុ	ក
ច	ន	ម	វ	ព	ព	ឃ	ហ	ទ	ល	ដ	◌ែ	ណ	ព
ខ	◌ា	រ	◌៉	◌ា	ម	◌ែ	ល	ហ	ណ	ស	◌្	ណ	ឡ
ណ	ដ	ថ	ឆ	ដ	◌ូ	ល	ល	ដ	ប	ង	ផ	ដ	ដ

ប្រឆាំងអុក
ជូរ
កាការ
កាឡូរី
ខារ៉ាមែល
ដូ
ឆ្ងាញ់
កម្រ
សំណព្វ
គ្រឿងផ្សំ
សណ្តែកដី
ម្សៅ
គុណភាព
រូបមន្ត
ស្ករ
ផ្អែម
រសជាតិ

71 - Vegetables

ផ	ឱ	ក	ព	ក	ដ	ប	◌្	រ	◌ូ	ខ	◌ូ	ល	◌ី
◌្	ស	◌ា	ឡ	◌ា	◌ំ	ប	◌៉	េ◌	ង	ប	◌៉	ោ	◌ះ
ស	ល	ប	ប	ឱ	ឡ	ព	ែ◌	◌្	ស	រ	ដ	ដ	ល
◌ិ	ឌ	ដ	គ	រ	◌ូ	អ	ង	ក	ថ	គ	◌ំ	ឡ	ឌ
ត	ស	ស	ព	ឌ	ង	អ	ស	ម	ស	ព	យ	ឌ	ក
ង	ថ	ឡ	ប	ព	ថ	ណ	រ	ន	◌ា	ឱ	ជ	ណ	ឆ
ស	េ◌	ល	េ◌	រ	◌ី	អ	ស	ថ	ព	ន	ង	យ	យ
រ	រ	ទ	រ	អ	ទ	ឌ	◌ូ	ក	ឱ	ម	◌់	ឡ	ប
រ	ញ	◌ី	◌្	ខ	◌្	ទ	◌ឹ	ល	ត	ល	ង	ហ	ឌ
រ	ណ	◌្	ត	ជ	ក	ឱ	ស	ឌ	◌ី	◌ា	◌៉	រ	គ
ដ	ង	ផ	ក	◌ា	រ	◌៉	◌ុ	ត	ឱ	វ	ត	ហ	រ
ស	◌្	ព	ោ	◌្	ល	ហ	ឌ	ឌ	យ	ដ	គ	ឱ	◌ា
ថ	ត	យ	ហ	ត	រ	ព	ច	ផ	◌ា	ស	ល	◌ី	◌ំ
ឆ	ឱ	ក	ព	ថ	ម	គ	ក	ល	ល	ហ	អ	យ	ង

ប្រូខូលី
ការ៉ុត
ស្ព
សេលេរី
ត្រ
ពងមាន់
[illegible]
[illegible]
ផ្សិត
អូលីវ

គាំ
ផាសលី
រ៉ាំង
ដំឡូង
ល្ពៅ
រ៉ាឌីស
សាឡា
ខ្ទឹ
ប៉េងប៉ោះ
ស្ពៃ

72 - The Media

ក	ជ	ឌ	ក	ម	ត	ព	ល	គ	ន	ស	ស	ន	ច
ព	ា	រ	ង	ស	យ	ញ	ា	្	ញ	ប	គ	ង	ទ
ថ	ង	រ	ប	យ	រ	ត	ឆ	ណ	រ	ហ	ឆ	យ	ក
ជ	ច	ឌ	ព	ណ	ឆ	ា	ឆ	ក	ិ	ទ	ជ	ឆ	្
ក	ព	ឌិ	ហ	ិ	ឌិ	្	គ	ា	ត	ជ	ថ	ត	ន
យ	ភ	ច	ឌិ	រ	ត	ណ	យ	ស	ម	អ	្	រ	្
ក	ា	រ	អ	ប	់	រ	ំ	ៃ	ជ	ត	ណ	ជ	ង
ថ	ប	ជ	អ	ន	ឡ	ា	ញ	ត	ច	ប	្	រ	ស
យ	្	ប	ោ	ះ	ព	ុ	ម	្	ព	ក	ប	ន	្
ស	រ	ល	ប	ស	ា	ធ	ា	រ	ណ	ៈ	្	ត	រ
ឌ	ស	្	ស	ា	ហ	ក	ម	្	ម	យ	គ	ណ	្
ល	ជ	ន	ថ	រ	ិ	ទ	្	យ	្	ង	្	ឌ	កិ
ទ	្	រ	ទ	ស	្	ស	ន	៍	ណ	ល	គ	ហ	ឺ
ទ	ង	ត	ជ	ហ	ក	ណ	គ	ង	ឌិ	ង	ល	ហ	យ

ពាណិជ្ជ	ក្នុងស្រុក
ខឹ	ណ្ណាញ
បោះពុម្ព	កាសែត
ការអប់រំ	អនឡាញ
ការពិត	មតិ
រូបភាព	រូបថត
បុគ្គល	សាធារណៈ
ឧស្សាហកម្ម	វិទ្យុ
បញ្ញា	ទូរទស្សន៍

73 - Boats

ប ី ង ម ថ យ ហ ង ស គ ថ ណ ព ម
ជ ង យ ទ ន ុ ល េ យ ជ គ អ ម "
ជ រ ន ៅ ំ ជ ហ ង ហ អ រ ជ ន ា
យ ោណ ខ ម ល រ ល ស ឧ ល គ យ ស
ឡ ៈ ជ ង ឌ ច ទ យ ឡ ណ ថ ហ យ រ
ខ គ ស ហ គ ម ន ុ ប ម ម គ ម យ
ស ុ ល យ រ ម ឡ ណ ថ ល ណ ប ហ ក
យ ុ ស ឌ ក ុ ប ុ ន ខ ខ ឧ ា ហ
ប ង ឌ េ ល ុ ត ា ច ឡ ទ ទ ស េ
ន ស អ ថ រ រ ទ ក ប ជ ី ៈ ម ង
ម ា យ ម " ា ស ឺ ឺ ន ប ម ុ ហ
ណ ស រ ស ម ុ ទ ុ រ ជ ឌ ឌ ទ ណ
ម ថ រ ី ទ ុ រ ក ា រ ច គ ុ ក
ថ អ យ យ ក ា ថ ុ ុ យ ថ ហ រ យ

យុថ្កា	ម៉ាស
ហេង	សហគមន៍
កាណូ	មហាសមុទ្រ
នាវិក	ក្បូន
ការចេក	ទន្លេ
ម៉ាស៊ីន	ខ្យ
ជិះ	សមុទ្រ
បឹង	ជំនោរ
សង្គ្រោះ	រលក
ទ្រ	ទូក

74 - Activities and Leisure

ម	ត	ត	ហ	ត	ត	ហ	ន	ជ	ឡ	ង	ទ	អ	ទ
ត	ង់	ង	យ	អ	រ	៧	ជ	ទ	ង	ឧ	ន	គ	ង
ក	ទ	ល	ល	ល	ច	ត	ប	៖	ច	រ	ប	ល	ង
ថ	ា	កេ	កិ	រ	គ	ល	ា	ល	ប	ច	ណ៉ែ	ណ	ថ
ក	ល	រ	ុ	ំ	ំ	ជ	ល	់	ដ	ៗ	រ	ុំ	ប
ក	់	ើ	ប	យ	ដ	ច	់	ៗ	ម	ស	ន	ុំ	ស
ប	ា	ដ	ច	ុំ	រ	យ	ប	ប	ហ	ណ	ល	ង	អ
បេ	ប	រ	គ	កិ	រ	ថ	ោ	ស	ម	ុំ	រ	ា	ក
ស	ន	ន	ន	ឺ	យ	ណ	៖	ហ	ន	ស	ម	ល	យ
ុំ	យ	ុំ	ន	សេ	អ	ា	ណ	ម	ិ	ុំ	គ	រ	
ប	គ	ំ	អ	ល	ស	ដ	ត	ំ	ច	ល	ជ	ឧ	ឱ
ល	គ	គ	ល	ឱ	អ	ា	ថ	យ	ង	ុំ	ទ	ត	ស
៧	ហ	ឡ	យ	រ	ហ	រ	ទ	ទ	រ	ប	ឺ	ទ	ត
ធ	ុំ	រ	ើ	ដ	ំ	ណ	ើ	រ	ជ	៖	ក	ង	គ

សិល្បៈ	គំនូរ
បេស្បូល	ការប្រណាំង
បាល់ជោះ	សម្រាក
ប្រដាល់	បាល់ទាត់
ផ្ដុំ	ស្ទែង
មុជទឹក	ស្គី
ការនេសាទ	ធ្វើដំណើរ
ស្ងន	បាល់ទៈ
ដេរលេង	

75 - Driving

អ	ា	ជ	ុ	ញ	ា	ប	់	ណ	្	ណ	ប	យ	ង
ឆ	ន	ប	ៀ	្	ល	ក	ន	ហ	ប	យ	ល	ា	ណ
ថ	ិ	ត	្	រ	ុ	ស	ព	ន	៉	រ	ឌ	ន	ហ
ល	ត	្	អ	រ	ច	យ	ជ	អ	្	ប	ច	ជ	្
រ	ល	្	ផ	េ	ឡ	ឡ	ត	ល	យ	រ	្	រ
អ	រ	៍	ស	អ	ប	ង	ល	គ	ឺ	អ	ា	ប	្
ព	ព	ម	ន	ង	ច	ច	ត	ទ	ស	យ	ច	ា	រ
ហ	្	គ	ា	ស	ទ	រ	ឥ	ន	ា	ឡ	រ	ន	ា
ក	្	ន	ា	ច	្	រ	ោ	ះ	្	គ	ណ	ជ	់
ប	ើ	ក	ប	រ	ច	ច	ច	ឡ	ណ	ធ	់	ទ	ង
ច	្	ម	ើ	រ	ជ	ើ	ង	យ	រ	ល	ន	ឌ	ឌ
ស	គ	ថ	ឌ	ព	ណ	ជ	ទ	ើ	ន	៉	ផ	ៈ	យ
រ	ច	យ	ន	្	ត	ជ	ឹ	ឡ	ហ	្	អ	យ	ង
ឡ	ទ	ង	ន	ជ	្	ញ	្	ជ	ក	ឹ	់	ជ	ម	ស

 ឡ្បាំង
រថយន្ត
ឡ្មាន
គ្រោះថ្នាក់
បើកបរ
ប្រុងគន្លន:
យានដ្ឋាន
ហ្មាស
អាផ្សាប់ណ្ឌ
ផែនទី

ម៉ូតូ
ផ្លូវជើង
ប៉ូលីស
ផ្លូវ
សុវត្ថិ
ស្លៀន
ចរាចរណ៍
ដឹកជញ្ជូន
រថយន្តដ៏

76 - Professions #2

ក ត ក ើ្ទ ្ ង ប ម គ ម គ ្ រ ្
គ ស ទ ្ រ ិ ន ស ្ ស ទ ហ ក ក
ើ ្រ ិ យ ទ ្ ៧ ្រ រ ្ ្ គ រ ថ
ម ្ ច ក ជ ល ញ ជ ្ ក ឱ ក ស យ
ើ ក ហ ល រ ឍ ឱ ម ៧ ជ ៧ ស ្ ហ
រ ស ្ ន ស ត ្ រ ែ ន យ ក ិ យ
ិ ម យ ស យ ទ យ ជ ទ ្ ជ ្ រ ៧
ទ ប រ ្ ត ថ ក ន ្ អ ធ រ ស ឯ
្ ជ រ ង ឡ គ ច ជ យ ជ ្ ើ ណ ៧ គ
យ ទ គ ច យ ា ទ ្ រ ិ ស ា ា ភ
ា ថ ្ គ ក ឯ ទ ជ ះ ជ ឡ ្ រ ល
ស ក ន ្ ិ យ ា ស ា ក រ អ ណ ទ ទ
្ ប ្ ជ អ ថ ម ណ ា ឱ យ ប ត ក
ន ឱ រ ក រ ត ្ ច ិ ិ រ ឯ ន គ

អវកាសយានិក	បណ្ណារក្ស
ជួ	ភាសាវិទ្យា
គីមីវិទ្យា	វិចិត្រករ
ធ្មេញ	ទស្សនវិទូ
វិស្វករ	អ្នកថតរូប
កសិករ	គ្រូពេទ្យ
ស្ទូន	គ្រូពេទ្យរះកា
គ្រនូរ	គ្រូ
បង្កើត	ស្ទូនសត្
កាសែត	

77 - Mythology

ព	ល	ព	ប	ឌ	ជ	រ	ព	វ	ប	វ	ឱ	ម	ថ
ល	◌្	គ	ល	ណ	◌ំ	ម	ល	◌េ	◌ិ	◌ី	ប	ក	◌ា
ថ	អ	រ	គ	ថ	ន	◌៌	រ	ទ	ស	រ	ម	ន	ន
ឌ	◌្	ទ	◌ែ	ស	◌ឿ	ធ	រ	ម	◌ា	◌ះ	ត	ប	ស
យ	ន	◌ោ	ន	រ	ត	ប	ជ	ន	ច	ប	រ	អ	◌ួ
ច	ក	ន	◌់	ឱ	ព	◌្	រ	◌្	ព	◌ុ	◌ិ	ម	គ
◌្	ច	◌្	ល	ទ	ទ	ប	វ	ត	ស	រ	យ	ត	◌៌
រ	ម	ប	◌ា	យ	អ	វ	អ	យ	គ	ស	◌ា	◌ះ	ម
ណ	◌្	ក	រ	◌ឿ	ង	ព	◌្	រ	◌េ	ង	ប	ទ	អ
◌ែ	ប	ល	គ	ក	ម	◌្	ល	◌ា	◌ំ	ង	ទ	អ	គ
ន	◌ា	◌េ	◌្	◌ឹ	រ	ត	ន	យ	គ	ឆ	ន	ត	ន
យ	◌ំ	◌្	ផ	ស	ស	ម	ហ	ន	◌្	ត	រ	◌ា	យ
ហ	ង	ផ	ច	ង	យ	ស	ជ	ស	ឌ	ឱ	ឱ	ប	ន
ព	ន	ល	ហ	ស	ហ	ក	ល	ប	ព	យ	អ	ប	ឡ

គំ
តវិយាបទ
ជំនឿ
សត្វ
វប្បធម៌
មហន្តរាយ
ឋានសួគ៌
វីរៈបុរស
អមតៈ
ច្រណែន
ព្រៃ
រឿងព្រេង
ផ្លេកបន្ទោរ
វេទមន្ត
បិសាច
សងសឹក
កម្លាំង
ផ្គរលាន់
អ្នកចម្បាំង

78 - Hair Types

ឡ	ប	ឱ	ម	ល	ហ	ហ	ច	ហ	ថ	ភ	ព	ន	អ
ថ	ុ	ទ	រ	ទ	រ	ឱ	ទ	ម	ៅ	ុ	ខ	ទ	អ
ក	រ	អ	ង	្	ក	ា	ញ	់	ង	ល	រ	យ	ណ
គ	ា	ង	ឪ	គ	ម	ៃ	ច	យ	ណ	ឺ	ទ	ជ	រ
ស	ក	ស	ុ	ខ	ភ	ា	ព	ជ	ប	ច	គ	ព	ម
ខ	់	ប	ទ	ហ	ព	ជ	ជ	ជ	៍	ា	ស	ជ	រ
ល	ុ	ទ	ន	់	ល	គ	ង	ង	ន	ំ	់	យ	គ
យ	យ	ល	ឌ	ឱ	ស	គ	ន	ុ	គ	ង	រ	ព	ស
ក	យ	ប	ឺ	ផ	ម	ស	ន	ឡ	ន	ើ	ា	ណ	ម
ជ	ង	ា	យ	ៃ	ជ	ង	ន	ជ	ៅ	ឡ	ុ	់	ច
ជ	ឱ	ុ	ម	៖	ន	រ	ច	ជ	ុ	ទ	ក	ស	ស
ម	ច	ក	ស	ទ	ប	ថ	ជ	ព	គ	ង	្	ុ	ស
ប	ុ	រ	ា	ស	ា	ក	់	អ	ឱ	ទ	ន	រ	ហ
ជ	អ	ក	ស	ឱ	ណ	ប	ឱ	ឱ	រ	ក	ព	ច	ស

ពែក	សុខភាព
ខ្មៅ	ឡ្មង
បំនគ	ក្បាល
ប្រាសាក់	ភ្លឺចាំង
ក្តោត	ខ្ចី
ពណ៌	ប្រាក់
អង្កាញ់	ទន់
ស្តួត	ក្រាស់
ជេះ	ស្តើង

79 - Garden

ទ	ស	យ	ន	ន	ល	◌ី	ភ	◌ូ	រ	◌ា	◌ំ	◌្	ត
ច	◌ុ	ឱ	ឱ	◌ី	ឡ	ព	ក	ត	◌ា	◌ះ	អ	អ	ថ
ន	ថ	យ	ត	វ	ប	រ	ឆ	◌ុ	ប	ន	◌្	ប	ឱ
គ	ឆ	ល	◌ោ	ស	◌ួ	ន	ឱ	ង	ស	ជ	ម	ស	ឱ
យ	◌ា	ន	ដ	◌្	ឋ	◌ា	ន	រ	◌្	ង	ណ	ដ	ដ
ស	ស	អ	ជ	ម	អ	ថ	ទ	◌ួ	ម	រ	ប	យ	ក
ឱ	ង	ប	រ	ប	ប	រ	ង	ច	◌ើ	◌ា	◌៊	ទ	ល
ឡ	រ	ឈ	ព	ណ	◌ិ	ព	ម	ព	យ	ន	◌េ	ណ	ឌ
ឡ	◌ឹ	◌ើ	អ	ដ	◌ូ	ណ	ឡ	យ	ត	ហ	ណ	គ	ជ
ស	◌្	ម	◌ៅ	◌ី	ស	ជ	ថ	ប	ក	◌ា	◌្	ផ	ក
អ	ង	◌ើ	ជ	ង	◌ៅ	ក	ឌ	ល	ឌ	ល	គ	ង	ន
ដ	អ	ដ	ឡ	ច	វ	ក	◌ា	◌្	ម	ច	ព	ហ	ឱ
ទ	ហ	យ	ន	ស	វ	ន	ក	ត	ដ	យ	គ	ង	ម
ស	ត	ម	ដ	ព	ឌ	ម	ក	ព	ណ	ឆ	ជ	គ	ង

កៅអី
ប៊ូស
របង
ផ្កា
យានដ្ឋាន
សួន
ស្មៅ
អង្រឹង
ទុយោ
ចម្ការ
ស្រះ
រានហាល
តុងរួច
ប៉ែ
ដី
រាបស្មើ
ត្រាំភូលីន
ដើមឈើ
វីន

80 - Diplomacy

ស	ស	ឡ	ឡ	ស	យ	ប	ឆ	ក	ទ	ស	ម	ម	ស
ប	ច	ហ	រ	ត	្	យ	ក	ង	ី	ី	រ	ន	៊
ថ	ដ	្	គ	ត	ជ	រ	ឡ	គ	ប	ល	ឡ	ុ	ី
ក	ដ	ទ	ច	ម	ជ	ឌ	ា	ហ	្	ធ	ត	ស	វ
ព	ំ	ល	ទ	ៈ	ន	យ	គ	យ	រ	ម	ទ	្	ី
ជ	ណ	ឆ	យ	ស	ដ	ី	ឡ	ប	ឹ	៌	ូ	ស	ក
ល	ោ	ះ	្	ម	ជ	ម	ណ	ា	ក	ឱ	ន	ធ	ថ
ព	ះ	ស	ហ	គ	ម	ន	៍	ោ	្	ថ	ថ	ម	ដ
ល	ស	ក	ា	រ	ទ	ូ	ត	យ	ស	ទ	ា	៌	គ
វ	្	ឆ	ព	ស	រ	ច	គ	ន	ា	អ	្	ព	យ
ដ	វ	អ	ឆ	ល	ច	ស	ន	្	ត	ិ	ស	ុ	ខ
្	ា	វ	ដ	្	ឋ	ា	ភ	ិ	ប	ា	ល	ទ	គ
ឋ	យ	ក	ា	រ	ព	ិ	ភ	ា	ក	្	ស	ា	ឌ
ណ	ឌ	ដ	ដ	យ	ុ	ត	្	ត	ិ	ធ	ម	៌	ច

ទីប្រឹក្សា
ពលរដ្ឋ
ស៊ីវិក
សហគមន៍
ជម្លោះ
សហគមន៍
ការទូត
ការពិភាក្សា
ស្ថានទូត
សីលធម៌
រដ្ឋាភិបាល
មនុស្សធម៌
សច្ចៈ
យុត្តិធម៌
នយោបាយ
ស្រាយ
សន្តិសុខ
ដំណោះស្រាយ

81 - Beach

ជ	ម	ក	ណ	ន	ត	រ	ន	ច	ក	ឡ	ក	ព	រ
ន	យ	ច	ន	ក	ហ	យ	់	យ	ជ	ៅ	ឌ	ក	ៀ
ុ	ឡ	ង	រ	ុ	ដ	ម	ត	ៗ	ុ	ក	ៈ	ឡ	ខ
ន	រ	ជ	យ	យ	ស	ណ	ុ	ស	ជ	ឡ	យ	ហ	ុ
្រ	ិ	ើ	ខ	ហ	ម	់	រ	ឌ	ម	ន	ត	ង	ស
រ	ស	ក	ៗ	រ	ច	ត	ង	ស	គ	ុ	់	ច	ៗ
ស	ុ	ប	ន	ទ	ស	់	ល	ឌ	ទ	ប	ទ	ជ	ច
ម	ស	់	ប	ុ	ឌ	ន	ឌ	ស	ឡ	យ	ិ	ុ	់
ុ	ម	ុ	ុ	ម	អ	ជ	ក	គ	ជ	អ	អ	យ	រ
ទ	ក	ស	រ	ុ	ន	ច	គ	ប	ន	យ	ៗ	ជ	ព
ុ	ៗ	ន	ៈ	ស	ន	ច	ន	ទ	ត	ត	រ	ទ	ណ
រ	ល	ច	ម	ៗ	ជ	ឌ	ប	ុ	ឡ	ណ	ៈ	ខ	ណ
ណ	ន	គ	ុ	ហ	ុ	ៗ	ឡ	ក	ឌ	ច	ុ	យ	ន
អ	ង	ម	ន	ម	យ	ច	ព	ក	រ	ជ	ព	ន	ក

ខៀរ	ខ្យាច់
ទូក	ស្បែកជើង
ផ្ទេរសមុទ្រ	សមុទ្រ
ក្តាម	សែល
ការចត	ព្រះអាទិត្យ
កោះ	កន្សែង
ឡាហ្គូន	ឆ័ត្រ
មហាសមុទ្រ	វិស្សមកាល
ប្រៈ	

82 - Countries #1

អ	អ	ឡ	ក	អ	រ	◌ូ	ម	◌៉	◌ា	ន	◌ី	ក	ក
◌ិ	◌ិ	◌ា	ល	◌េ	ម	ហ	ស	អ	ន	◌៉	ទ	◌ា	អ
◌ី	◌ី	ត	ទ	ហ	ឃ	◌៉	◌្	ជ	ស	ណ	ប	ណ	◌ា
ស	រ	វ	ទ	◌្	ង	ឃ	◌ា	វ	ច	ឌ	ឃ	◌ា	ល
◌្	◌៉	◌ី	ស	ស	អ	រ	ន	រ	◌ា	ក	ល	ដ	◌្
រ	◌ា	គ	រ	◌ិ	វ	◌ៀ	ត	ថ	◌៉	◌ំ	ម	◌ា	ល
◌ា	ក	ថ	ល	◌ី	ត	◌ា	◌ី	◌ិ	អ	◌ុ	ង	ណ	◌ឺ
អ	◌់	រ	គ	ប	ន	◌័	រ	វ	◌ែ	ស	ក	ទ	ម
◌ែ	អ	◌េ	ស	◌្	ប	◌៉	◌ា	ញ	ល	ជ	ដ	ល	◌៉
ល	◌់	គ	◌ា	ហ	◌្	ណ	◌េ	◌េ	ស	ឆ	ស	◌ី	ង
វ	◌េ	ណ	◌េ	ហ	◌្	ស	◌ិ	◌ុ	យ	ក	ឡ	ប	◌់
ឆ	ទ	ស	ឌ	ប	◌្	រ	◌េ	ស	◌ិ	◌ី	ល	◌ិ	ន
ប	ច	ឃ	គ	◌ូ	ហ	◌្	រ	◌៉	◌ា	ក	◌ា	◌ី	ន
ប	◌្	រ	ទ	◌េ	ស		ប	◌៉	◌ូ	ឡ	◌ូ	ញ	ង

ប្រេស៊ីល
កាណាដា
អេហ្ស៊ីប
ហ្វាំង
អាល្លឺម៉ង់
អ៊ីរ៉ាក់
អ៊ីស្រាអែល
អ៊ីតាលី
ឡាតវី
លីប៊ី
ម៉ារ៉ុក
នីការ៉ាហ្គូ
ន័រវែស
ប៉ា
ប្រទេសប៉ូឡូញ
រូម៉ានី
សេណេហ្គាល់
អេស្ប៉ាញ
វេណេហ្ស៊ុយ
វៀត

83 - Adjectives #1

ស	រ	ង	ធ	ុ	ន	់	ង	ុ	ធ	ង	ឡ	ទ	ស
អ	ើ	ខ	យ	ច	អ	់	ច	ល	ក	ម	់	រ	់
ណ	ក	ទ	ំ	ន	ើ	ប	ខ	រ	អ	ធ	ំ	គ	ម
ត	រ	ណ	ក	យ	ឡ	ញ	ទ	ៗ	ក	់	ៗ	ទ	ៅ
៧	ៅ	ជ	ៅ	ច	់	ខ	ៗ	ត	ំ	ង	ជ	ច	ៈ
យ	យ	ស	ុ	អ	ៀ	ត	ម	ឌ	ជ	ស	ប	៥	គ
យ	ទ	រ	ច	រ	ឡ	ឹ	ង	ហ	ត	ស	អ	ន	់
ឯ	ធ	ប	ហ	ជ	ជ	ង	៧	ង	ិ	ច	ុ	ប	រ
រ	់	ុ	ស	យ	រ	ង	ជ	ត	ខ	ច	រ	ល	ង
យ	ង	់	ុ	យ	ឺ	ត	អ	អ	ឌ	ល	ុ	ទ	់
ប	ន	ប	ត	ម	ៀ	ន	ត	ំ	ល	ៃ	ក	ឯ	គ
ច	់	ស	ើ	យ	ឡ	ប	ឌ	ហ	ថ	ម	ហ	អ	អ
ក	រ	យ	ង	ង	ច	ច	ត	ឌ	ទ	ជ	យ	ឌ	ក
ស	ិ	ល	ុ	ប	ៈ	គ	ជ	ន	៧	ត	ហ	ល	គ

ដាច់ខាត	ធ្ងន់
មហិច្ឆ	ស្មោះត្រង់
ក្រអូប	ជុំ
សិល្បៈ	៥.
ទាក់ទាញ	សំខាន់
ស្ងាត	ទំនើប
ងងឹត	ធ្ងន់ធ្ងរ
កម្រ	យឺត
សប្បុរស	ស្តើង
វិកវាយ	មានតំលៃ

84 - Technology

គ	ធ	គ	ក	ព	ក	◌ា	ម	េ◌	រ	◌៉	◌ា	រ	ក
ដ	◌ី	ឌ	គ	រ	ទ	◌្	ន	◌៍	ស	◌្	ស	ទ	ម
ថ	រ	ង	ណ	ប	ខ	ប	ទ	អ	ក	ថ	ព	ឱ	◌្
ត	◌ិ	ថ	◌ិ	◌្	ស	ន	◌ិ	ថ	◌្	យ	ង	អ	ម
ន	ម	ហ	ធ	ល	◌ុ	◌ិ	ន	ប	អ	ព	រ	ឡ	រ
ច	◌្	ព	◌ឺ	◌ុ	ត	ម	◌្	គ	ព	ង	ឆ	ង	◌ិ
ឆ	ម	ឱ	ន	ក	◌ិ	◌្	ន	ឆ	ម	ស	អ	ច	ធ
ម	ក	ក	◌ិ	ហ	◌្	ម	ន	ក	◌្	ឌ	អ	ប	◌ី
ង	េ◌	ហ	◌៊	ឡ	ន	◌ិ	◌័	គ	◌ុ	ស	រ	ន	រ
អ	ថ	រ	អ	ស	ស	ត	យ	ត	ព	ហ	◌ា	ត	◌ុ
ក	ល	ប	◌ោ	រ	ប	ច	ក	ស	យ	ឌ	ស	រ	ក
ឱ	ដ	អ	ឌ	គ	ព	ទ	ព	ត	ជ	ណ	ក	ហ	រ
អ	េ◌	ក	◌្	រ	ង	◌់	យ	ស	ណ	ប	ឯ	ឡ	ក
ក	◌ុ	◌ំ	ព	◌្	យ	◌ូ	ទ	◌័	រ	◌ៃ	ឱ	ជ	ត

ប្លុក
កម្មវិធីរុករក
បៃ
កាមេរ៉ា
កុំព្យូទ័រ
ទស្សន៍ទ្រ
ទិន្នន័យ
ឱ
ឯកសារ
ពុម្ពអក្សរ
អុិនធឺណិ
សារ
អេក្រង់
សន្តិសុខ
កម្មវិធី
សិតី
និម្មិត
មេរោគ

85 - Landscapes

យ	យ	ឌ	អ	ខ	ស	ហ	យ	ន	រ	ធ	រ	គ	ម
ង	ឺ	ប	ល	េ	ុ	ន	ទ	គ	៉	៑	ៗ	ំ	ហ
ឡ	ម	ទ	ណ	ឡ	ថ	ស	ស	ម	ៗ	ទ	ល	ហ	ហ
ណ	ត	៑	ង	ទ	ណ	ព	ៗ	ន	ឡ	ៗ	ឌ	ៗ	ស
ទ	ខ	រ	ថ	ហ	រ	ណ	ច	ច	េ	ំ	៑	ថ	ម
ម	ច	ឺ	ល	ក	ៅ	ន	ណ	ង	៑	ង	ស	អ	ុ
ស	ថ	ប	ហ	ង	ៈ	ជ	ឌ	ល	ស	ទ	ៗ	អ	ឞ
ច	យ	ន	ស	ប	ជ	ឌ	ហ	ើ	ង	ឺ	ច	ក	៑
អ	ឌ	ន	ស	ល	៑	ៈ	ហ	ភ	ឌ	ក	៑	ប	រ
គ	ឡ	៑	ក	ឌ	ក	ៅ	ជ	៑	ៗ	ក	ត	ន	ទ
ច	ក	ក	ន	ហ	ឺ	ក	ម	ន	ឌ	ជ	ឌ	ព	៑
ភ	៑	ន	ំ	េ	ទ	អ	ព	ំ	អ	យ	រ	ម	៑
ច	ន	យ	ង	ង	រ	ៅ	ំ	៑	ច	យ	ស	ជ	ម
ហ	ជ	ច	ជ	ណ	ន	ម	ព	ភ	ល	ៗ	រ	ហ	ស

ផ្លូវ	ភ្នំ
គុហា	ខ្សាច់
ព្រាំង	មហាសមុទ្រ
ជួលខ្សាច់	ឧបទ្វីប
ងំ	ទន្លេ
ភ្នៅ	សមុទ្រ
ផ្លូងទឹក	វាលភ
កោះ	រាំទ្លេ
បឹង	ភ្នំភ្លើង
	ទឹកជ្រោះ

86 - Visual Arts

ខ	ជ	ភ	ត	ន	ទ	ឧ	ណ	ថ	ព	ណ	ស	ល	ស
ម	ត	អ	ៗ	អ	ច	គ	គ	ឧ	ត	ជ	ុ	ប	ិ
ត	ខ	ឧ	ំ	ព	ជ	ព	ំ	ជ	ច	ល	ត	ញ	ល
ព	ិ	ត	រ	អ	យ	ក	ថ	ន	ប	ម	ិ	ុ	ុ
ល	រ	យ	ព	ព	ច	ន	ជ	ជ	ុ	ជ	ន	ឈ	ប
ច	ប	ក	ទ	េ	ម	ប	ុ	យ	រ	រ	ស	រ	ក
ខ	ុ	ម	ៅ	ជ	ុ	ឡ	ត	ត	ស	ល	៑	ជ	រ
ង	ន	ឡ	ព	ម	ល	ស	ឹ	ម	អ	ជ	ឹ	យ	ថ
ឡ	ៃ	យ	ហ	ជ	ៗ	ជ	ជ	ជ	ព	ច	ល	ណ	អ
ក	ុ	ម	ម	ុ	ក	យ	ត	ុ	ប	ច	ៗ	ុ	ស
ុ	ច	ប	យ	ហ	់	ស	ម	ៗ	ស	ភ	ៗ	ព	ឧ
រ	ជ	៉	ជ	ស	ទ	ជ	ជ	ព	ន	ណ	ម	ឧ	ទ
ច	ក	ៃ	ង	ឧ	ក	ហ	រ	ឱ	ប	ន	អ	ត	ថ
ព	ឧ	ន	៖	ស	ុ	ស	ទ	ណ	ត	រ	ហ	ឧ	ន

ស្ថាបត្យកម្ម
សិល្បៈករ
រ៉ា
ដីឥដ្ឋ
សមាសភាព
ថ្លៃប្រឌិត
ភាពយន្ត
មេ

គំនូរ
ប៉ែន
ខ្សៅ
ទស្សនៈ
រូបថត
បញ្ចូរ
ចម្លាក់
ស្ទីនស៊ីល
ក្រ

87 - Plants

ឡេ ន ស ស ើ ុ ស ឬ ន អ ៧ គ អ យ
ល ច ុ ្ ន រ ឌ ដ ទ រ ុ ឌ ហ ទ
ផ ន ល ន ង ល រ ម ើ ហ រ ណ ត ដ
ឌ ែ ែ ដ ើ ម ឈ ើ ឡ ម ែ ល ហ ល
ក ៧ ត ស ុ ម ៅ ប ៏ ុ ស ត រ យ
ន យ ច ៗ ន ស ប ៈ ល ុ ម យ យ ស
ប ើ រ ើ ល ែ ុ ន ប ឡ យ យ ៧ រ
ត គ ឧ ៧ ន ់ ញ រ ន ជ ច ហ ស អ
ឆ ឧ ច ឧ ស ទ ន ជ ល ើ ឡ ល ណ ឌ
ផ ស ម ណ យ យ ដ ដ ហ ុ ហ ឆ ឌ
ុ ច ត ណ ណ ឧ ច យ ត ង ល ង គ ង
ក ណ ឌ ណ ម ក យ ឬ ស គ រ ិ ែ អ
ៗ ម ប ៧ ជ ផ ុ ល ់ រ ន ឡ ក រ
ក ៗ ក ៗ រ ហ ត ឡ ទ ឌ យ ឡ រ ត

ឬស្សី   ព្រៃ
សណ្តែក   ស្មូន
បៃរវី   ស្មៅ
ប្រេង   រឿល្ដី
កាការ   ស្តៅ
ដោះង្វា   ដេកាល់
ម្ជុរង្គ្រ   ឬស
មូប់   ដើម
                         ដើមឈើ
                         បន្លែ

88 - Boxing

ក	ច	អ	រ	អ	អ	ព	ឋ	ច	ត	យ	ខ	រ	ឡ
អ	ែ	ង	ជ	ុ	ា	អ	ិ	គ	ព	ឋ	ង	ា	ឋ
ច	ត	ណ	ច	ន	ជ	ជ	ង	ន	ន	ឡ	ន	ង	ត
ល	ង	ឡ	ជ	ក	ុ	ឋ	ត	ិ	ុ	ជ	ន	ក	យ
យ	ល	ឡ	ឧ	ឋ	ញ	ន	ជ	ឈ	ស	ទ	ជ	ា	ន
ទ	ា	ត	់	ុ	ា	ខ	ត	ង	ទ	រ	ុ	យ	ជ
ខ	ំ	ត	គ	រ	ក	គ	ុ	ឋ	ុ	រ	ជ	ែ	ង
ុ	ុ	ៅ	ព	យ	ណ	ខ	ក	ក	យ	រ	ឋ	អ	រ
ស	ម	ុ	ឧ	ុ	ក	ណ	ុ	ជ	ឺ	ង	ឩ	ុ	
ែ	ក	ផ	ច	ទ	ត	យ	គ	ស	ល	ន	ើ	ជ	ុ
ទ	ល	ព	រ	ុ	ា	ហ	យ	ឋ	គ	អ	រ	ំ	ជ
ច	ង	ជ	ណ	ធ	ល	ា	ំ	ុ	ម	ក	ា	ន	គ
ក	ណ	ុ	ជ	ា	ឋ	់	ជ	ែ	ឋ	ខ	ក	ា	ណ
ទ	គ	ស	ុ	រ	ៅ	ម	ជ	ែ	ស	ន	អ	ញ	ម

កណ្ដឹង
រាងកាយ
ឈ្នះ
ជ្រុង
គ្រែ
កម្លាំ
អ្នកប្រយុទ្ធ
កណ្ដាប់ដៃ
ផ្គោត

ស្រោមដៃ
ទាត់
គូប្រដេង
ពិន្ទុ
ការឈឺប
អាជ្ញាកណ្ដាល
ខ្សែ
ជំនាញ
កម្លាំង

89 - Countries #2

ល	ស	ន	រ	ែ◌	ក	◌្	យ	◌ុ	◌ឺ	អ	ឡ	ន	ប
◌ី	◌ឺ	ថ	ម	ហ	ច	ម	ហ	ដ	រ	◌ា	ឡ	◌ី	◌្
ប	◌ី	◌ា	◌៉	ស	◌ឺ	◌ូ	ដ	ង	◌់	ល	ជ	ហ	រ
េ◌	ស	ស	◌ិ	◌ា	ហ	ប	ច	ថ	ឱ	◌់	ល	◌្	ទ
រ	◌្	◌្	ក	◌្	ង	◌្	ឆ	ដ	ឌ	ប	យ	ស	េ◌
◌ី	រ	គ	ស	ហ	គ	ឆ	គ	គ	រ	◌ា	ស	េ◌	ស
យ	◌ុ	◌ី	◌ឺ	ឆ	ង	យ	ម	ង	ជ	ន	ត	រ	ស
◌៉	ស	◌ា	◌ិ	ស	យ	ព	ណ	ឆ	◌់	◌ី	ល	◌ី	◌ឺ
◌ា	ទ	◌៉	ក	ម	◌៉	◌ា	ណ	◌ី	◌ា	ដ	ង	យ	◌ី
ន	េ◌	ប	◌៉	◌ា	ល	◌់	ហ	ែ◌	ទ	◌ី	◌ា	◌៉	រ
ថ	រ	ស	◌ូ	ម	◌៉	◌ា	ល	◌ី	ថ	ទ	រ	◌ា	◌ី
ឌ	◌្	ង	ប	◌្	រ	ទ	េ◌	ស	ក	◌្	រ	◌ិ	ក
ហ	ប	ប	◌្	រ	ទ	េ◌	ស	ជ	ប	◌៉	◌ុ	ន	ត
ន	ច	អ	េ◌	ត	◌្	យ	◌ូ	ព	◌ី	ដ	ល	រ	យ

អាល់បានី
ដាណឺម៉ាក
អេត្យូពី
ប្រទេសក្រិក
ហៃទី
ហ្សា
ប្រទេសជប៉ុន
ឡាវ
លី
លីបេរីយ៉ា
ម៉ិកស៊ិក
នេប៉ាល់
នីហ្សេរីយ៉ា
ប៉ាគីស្ថាន
ប្រទេសរុស្ស៊ី
សូម៉ាលី
ស៊ូដង់
ប្រទេសស៊ីរី
ហ្គង់ដា
អ៊ុយក្រែន

90 - Adjectives #2

ម	ដ	ឌ	ឆ	ើ	ន	ព	យ	ច	ន	ង	ង	ឆ	ក
ថ	ស	ស	ទ	ង	ល	ា	ំ	្	ខ	ង	ឌ	ឆ	ល
ព	ង	្	ឱ	ថ	ា	ដ	យ	ន	រ	ុ	រ	ន	្
ហ	ថ	ឌ	ង	ព	្	រ	គ	ៃ	ស	យ	យ	គ	ប
ល	ឌ	ប	ហ	ួ	យ	ម	ឡ	ប	ផ	ស	ឡ	ទ	ី
ម	ប	្	រ	ៃ	ត	ប	ី	្	ល	ក	ច	ង	គ
ឱ	ោ	យ	ួ	ន	ឌ	ឌ	ន	រ	ិ	ក	ព	ព	ឡ
រ	ឆ	ទ	គ	ឆ	ក	ប	រ	ឌ	ត	អ	្	ណ	ម
ម	ឆ	ន	ន	ព	ន	ល	គ	ិ	ភ	ំ	រ	ថ	គ
ន	ល	ជ	ព	ភ	ណ	ព	ណ	ត	ា	ណ	ៃ	ឆ	ឱ
ព	ណ	៍	យ	ា	ា	ជ	ឥ	ន	ព	ោ	ព	ិ	ត
ដ	យ	អ	ន	ខ	ថ	ព	ថ	ល	ណ	យ	ឆ	ឆ	ៅ
ណ	យ	ជ	ឱ	ុ	ធ	ម	្	ម	ជ	ា	ត	ិ	្
ឡ	រ	ម	ដ	ស	ខ	ុ	ល	ួ	ទ	ទ	ទ	ណ	ក

ពិត
ច្នៃប្រឌិត
ពណ៌
ស្ងួត
ឆើ
ល្បី
អំណោយ
សុខភាព
ក្តៅ
ឃ្លាន
គួរ
ធម្មជាតិ
ថ្មី
ផលិតភាព
មោទនភាព
ទទួលខុស
ប្រៃ
ងងុយ
ខ្លាំង
ព្រៃ

91 - Water

ថ	ទ	អ	ថ	ហ	ច	ដ	ខ	ច	ស	ម	ង	៣	ហ
ក	ល	យ	អ	ឫ	ណ	គ	ថ	ក	ជ	ហ	ឲ	ឺ	អ
។	យ	ប	ជ	ត	ស	ំ	ណ	ើ	ម	ៗ	ត	យ	ត
ន	់	ន	ជ	ំ	ក	ឺ	ទ	អ	ត	ស	ទ	ុ	៣
ប	ង	ស	ុ	ួ	ម	ស	ខ	ដ	ឧ	ម	ឺ	ៈ	ត
ៗ	ល	់	ណ	ៗ	ៗ	ក	ល	រ	ច	ុ	ក	៣	ជ
ក	ៀ	ប	ន	ណ	ល	រ	យ	ថ	ឧ	ទ	ឡ	ជ	ម
ផ	ុ	ស	ឺ	ឡ	ហ	ត	ឡ	ង	ក	្	ជ	ក	ថ
ឺ	វ	ជ	ទ	ង	ជ	្	គ	៣	ល	រ	ឹ	ុ	៣
ច	ត	រ	្	ស	្	ស	ៗ	រ	ៗ	ៗ	ធ	ទ	ធ
ៗ	ំ	ស	យ	ក	ន	យ	ឧ	ណ	ង	ដ	ជ	ឺ	យ
អ	ន	ហ	ល	ន	ៅ	ៗ	ឡ	ជ	ន	ល	យ	ក	យ
ម	ក	ឡ	ុ	ឡ	ជ	ស	ទ	ល	ត	ន	យ	ក	ជ
ប	ឧ	យ	៣	យ	ទ	ន	្	ល	ៀ	ឡ	ដ	ក	ស

កាណាល់ — សំណើម
អាចជឺកបាន។ — ម្ួសុង
ហុត — មហាសមុទ្រ
ទឹកជំនន់ — ភ្លៀង
សាយសត្ — ទន្លេ
ក្លោ — ងុតទឹក
ព្ួៈ — ព្រឹល
ទឹកកក — ច់ហុយ
ធារាសាស្រ្ត — រលក
បឹង

92 - Activities

ព ហ រ ជ ែ រ ម ស ន គិ ំ ន ៉ រ
អ ខ ៗ ត ឌិ ប ម ៉ អ ឌិ ណ ស ជ ុ
ទ ង ំ ន ល ច ្ ជ ៗ ៉ រ ម ើ ៉
ស ិ ល ្ ប ៖ ក ល រ ញ អ ្ រ ំ
ៗ ជ គ ម ុ ជ ប ន ៗ ច ំ រ ល ជ
ន ឌ គ ទ រ ង ប ច ក ជ អ ៗ ៗ រ
ែ ក ទ ែ តិ ប ្ ស ស ណ ម ក ង ច
រ យ ឌ រ ថ យ ំ ជ ំ ន ៗ ញ ម ព
ៗ ជ ជ ច អ ស ស ហ គ ហ ឌ ព ល ន
ក ឌ ច រ ឌ ច ្ តិ ន ្ ស ៗ ំ ក
រ ើ ក រ ៗ យ ថ ន ឡ គិ គ ល ប យ
ស ក ម ្ ម ភ ភ ព ជ ែ ណ ហ ង ល
ឌ ក យ ន ប អ ម ណ គ ម យ ត យ រ
យ ច ក ង ច ទ ន ង អ ហ ត ក ល ប

សកម្មភាព	ម៉ាញ់
សិល្បៈ	កំសាន្ត
ជំរុំ	វេទមន្ត
រាំ	គំនូរ
សិប្បកម្ម	ថតរូប
រាំ	រីករាយ
ការនេសាទ	ការអាន
ហ្គេម	សម្រាក
ស្មូន	ដេរ
ដើរលេង	ជំនាញ

93 - Business

អ ស ៧ ធ រ ង ស ៧ អ ក ទ ប ៧ ថ
ុំ ជ ែ អ ត ោ ក ឡ គ ល រ ញ ៧ ស
ន ង ក ជ ៗ ហ ង យ ច ិ ឱ ុំ ន ប
ក ល ថ ុំ ជ គ ច ស គ អ ច ុំ ៦ ថ
គ ម រ ៧ ឱ ថ ឺ ណ ក គ ក ុ ធ រ
ុំ ប ិ ៦ ឡ ទ ក ៧ ហ ុំ ៧ ៖ ន ៗ
រ ថ យ ំ យ ឱ ់ ិ រ ុ រ គ ហ ក
ប យ ៗ ន ថ ជ រ អ ច ប ៦ ំ ់ ់
់ ក ល ិ ន ល ៗ ឡ ង ុំ ឱ ល ់ ច
គ ៗ ់ ញ ស ន ុំ ម ទ ទ ច ៃ ម ់
ុំ ិ យ ណ ណ ុំ ប ់ យ ប ិ ៦ រ ណ
រ រ អ ន ិ យ ោ ជ ក ជ ទ ល ុំ ៦
ង ថ គ ម ុំ ល ៃ ទ ស ង ទ ល ុំ ល
ក ៗ រ រ ិ ន ិ យ ោ គ អ ឱ ក ក

ថវិកា   ប្រាក់ចំណូល
អាជីព   ការវិនិយោគ
ក្រុមហ៊ុន   អ្នកគ្រប់គ្រង
តម្លៃ   ទំនិញ
រូបិយប័ណ្ណ   ប្រាក់
បញ្ញាះតំលៃ   ការិយាល័យ
សេដ្ឋកិច្ច   លក់
បុគ្គលិក   ហា
និយោជក   ៧ន្ធ
រោងចក្រ

94 - The Company

ប	ធ	ហ	ក	ផ	ប	ន	ឃ	ត	ទ	ឌ	ឱ	ក	ប
ទ	ព	ន	ឆ	◌ា	ល	ណ	◌ូ	◌ំ	ច	ស	អ	◌ា	ល
ប	ក	ប	ធ	ជ	រ	◌ិ	ណ	ឱ	ឃ	◌្	◌ា	រ	វ
ង	ឱ	ឃ	រ	◌ា	ម	ង	ត	ក	ឃ	ស	ជ	វ	◌ិ
◌្	ឃ	ហ	ស	រ	ន	ជ	◌ា	ផ	ព	◌ា	◌ី	◌ិ	ជ
ហ	ហ	◌ា	ន	◌ិ	ភ	◌័	ឃ	រ	ល	ហ	វ	ន	◌្
◌ា	ល	ទ	◌្	ធ	ភ	◌ា	ព	រ	ប	ក	ក	◌ិ	ជ
ញ	ក	◌េ	រ	◌្	ត	◌ិ	◌៍	ល	ឃ	ម	ម	ឃ	◌ា
ច	◌្	ន	◌ៃ	ប	◌្	រ	ឌ	◌ិ	ត	◌្	◌្	◌ោ	ជ
ស	ក	ល	ង	ង	ល	ម	ឆ	ឌ	ឃ	ម	ម	គ	◌ី
គ	◌ុ	ណ	ភ	◌ា	ព	ភ	◌ា	ន	ឈ	◌្	ឌ	វ	វ
ស	ម	◌្	រ	◌េ	ច	ច	◌ិ	ត	◌្	ត	គ	ឌ	◌ះ
ន	◌ិ	ន	◌្	ន	◌ា	ក	◌ា	រ	ណ	ត	ស	ដ	ម
ឃ	ទ	ថ	ណ	ត	ម	ល	ដ	ទ	ង	គ	ហ	ឡ	ព

អាជីវកម្ម
ថ្ងៃប្រឌិត
សម្រេចចិត្ត
ការងារ
សកល
ឧស្សាហកម្ម
ការវិនិយោគ
លទ្ធភាព
បទបង្ហាញ
ផលិតផល
វិជ្ជាជីវៈ
វឌ្ឍនភាព
គុណភាព
កេរ្តិ៍
ធនធាន
ចំណូល
ហានិភ័យ
និន្នាការ

95 - Literature

ក	ប	ឆ	ច	ង	្	វ	ា	ក	់	យ	ត	ម	ក
ល	ង	យ	ឆ	ដ	ណ	ឌ	ព	យ	ប	ត	ហ	ត	ំ
ឱ	យ	ថ	ច	ៀ	ឆ	យ	ឌ	្	ស	ែ	យ	ិ	ណ
ជ	អ	ប	់	រ	ា	ប	ៀ	រ	យ	គ	្	ព	ា
ស	េ	ច	ក	្	ត	ី	ស	ន	្	ន	ិ	ស	ព
ស	ស	ក	យ	ស	ក	ា	រ	វ	ិ	ភ	ា	គ	្
ក	ប	ល	ា	ន	ទ	ម	ជ	រ	គ	ឡ	ឌ	យ	យ
ា	ន	ោ	ដ	រ	ឌ	ដ	ង	ច	ស	ឡ	ត	ប	អ
រ	ច	ម	រ	ដ	ស	អ	ក	ទ	ច	ម	គ	ហ	ល
រ	ថ	ល	ជ	ួ	ន	ន	ប	្	រ	ឌ	ិ	ត	ស
ិ	ហ	ោ	ណ	ហ	ម	ទ	្	ប	័	ា	ន	ឆ	រ
ះ	ឆ	រ	ល	ត	អ	យ	គ	ទ	ភ	េ	រ	្	ប
ជ	ក	្	ដ	អ	ក	គ	ន	ធ	ន	្	ព	ិ	ន
ជ	ឆ	ប	ម	េ	ត	ា	ផ	ូ	រ	ា	ក	អ	ក

ស្រដៀង
ការវិភាគ
រៀបរាប់
និពន្ធ
សេចក្តីសន្និ
ការរិះ
ការសន្ទនា
ប្រឌិត
ប្រភេទ
មេតាផូរ
ប្រលោមលោក
មតិ
ព្យ
កំណាព្យ
ជួន
ចង្វាក់
នាប័ទ្ទ
ស្បែក

96 - Geography

យ	ទ	រ	ម	ឡ	ឡ	យ	ង	ឡ	ប	យ	ខ	ភ	ទ
រ	ខ	ទ	ដ	ើ	ប	ឱ	យ	ច	ុំ	ល	ៗ	ុំ	ត
ទ	ន	ុំ	ល	ោ	រ	ល	ថ	ទ	រ	ៗ	ង	ន	យ
ខ	់	ុ	ច	រ	រ	ើ	ហ	យ	ទ	ដ	ល	ំ	ន
ៗ	ប	ម	ត	ៗ	ទ	ដ	ឌ	ស	ោ	ក	ិ	ប	ច
ង	ំ	ស	អ	ឧ	ុំ	ុំ	យ	ៀ	ស	ំ	ច	រ	យ
ត	ត	ដ	ប	ម	ម	ឧ	រ	ម	ន	ព	ម	រ	ម
ុំ	ថ	ដ	ង	រ	ុ	ក	ុំ	ើ	ទ	ស	ស	ប	អ
ប	ឱ	ម	ណ	រ	ស	ជ	ព	គ	ប	់	ក	ោ	ៈ
ុ	ម	ច	រ	ឱ	ៗ	រ	យ	ៈ	ទ	ទ	ឹ	ង	ឆ
ង	ត	រ	ដ	ថ	ហ	ន	ច	ដ	ស	ើ	ហ	ន	រ
ម	ក	ម	ើ	ដ	ម	ម	ជ	ណ	ដ	ត	ន	ឡ	ត
ឆ	អ	ឌ	ុំ	ឈ	គ	ោ	ល	ស	ព	ក	គ	ៃ	ណ
ខ	ោ	ង	ជ	ើ	ង	ព	ិ	ភ	ព	ល	ោ	ក	ផ

កំពស់	ភ្នំ
ផ្កា	ខាងជើង
ទីក្រុង	មហាសមុទ្រ
ទ្វីប	តំបន់
ប្រទេស	ទន្លេ
អក្សរគោល	សមុទ្រ
កោះ	ខាងត្បូង
រយៈទទឹង	ដ្យី
ផែនទី	ខាងលិច
មេរីឌៀន	ពិភពលោក

97 - Pets

ម	ក	ឨ	ហ	ល	ទ	ឧ	ក	ន	អ	ន	វ	ណ	ក
ត	ុ	ឌ	ៀ	យ	ត	ន	ណ	ត	ក	ុ	ត	ស	ឈ
ុ	រ	ឡ	ម	ជ	ក	ឌ	ុ	ជ	រ	ផ	ុ	ឌ	ក
រ	ញ	ស	ស	ស	ត	ុ	រ	ស	ហ	ៀ	ស	ៃ	ក
ឺ	ៈ	យ	ុ	ក	ឋ	ុ	ម	ៀ	ឌ	យ	អ	ទ
ហ	ៀ	ល	ទ	ង	ណ	រ	ថ	យ	ៀ	យ	ទ	ណ	ឌ
ត	ំ	ល	ើ	ុ	ឌ	ុ	ណ	ឧ	អ	ជ	ុ	ុ	ឌ
ៅ	ល	ថ	ត	ន	ុ	ច	ត	អ	ៀ	រ	ៃ	ត	គ
ទ	ឹ	ក	ឌ	ល	ន	ន	ឆ	ុ	ប	ឧ	៧	ើ	ទ
ច	ច	ឧ	ឧ	៧	ជ	យ	ក	ម	រ	ឧ	គ	ក	៧
ង	យ	រ	ម	៧	ណ	ទ	ក	ហ	រ	ណ	រ	ច	ទ
ន	ថ	ជ	ណ	ៃ	ន	ុ	ក	ៃ	ឌ	ត	ម	យ	ប
ប	ទ	ជ	គ	ច	ស	ជ	ស	ម	ស	ម	ង	ទ	ឧ
ហ	ន	ន	៧	ប	គ	ស	ន	៧	ឌ	ប	ណ	ប	ឌ

ឆ្មា
ក្រញាំ
អារ
គោ
ផ្ទៃ
ក្រៃ
អាហារ
ពពែ
ហាមស្ទើ

ឆ្មា
សត្វ
កណ្ដុរ
សេក
ទន្សាយ
កន្ទុយ
អណ្ដើក
ពេទ្យសត្វ
ទឹក

98 - Jazz

ទ	េ	ព	ក	ោ	ស	ល	្	យ	ង	គ	ឡ	អ	ត
ស	ដ	រ	ឆ	ឱ	យ	ស	ំ	ណ	ព	្	វ	ឡ	ន
ភ	ម	ម	ប	ិ	ុ	ល	់	ា	អ	ព	ព	ង	្
្	ថ	ា	ន	ដ	ទ	គ	ប	ា	ង	ប	គ	ស	ត
ល	ល	ថ	ស	ទ	ក	ង	រ	ឱ	ច	ច	ស	្	្
េ	្	យ	ក	ភ	ស	ិ	ល	្	ប	ក	រ	គ	រ
ង	ប	ម	ន	េ	ា	ណ	ជ	ច	ឱ	ទ	ក	រ	ី
ក	ី	ម	ត	រ	អ	ព	អ	ង	ក	ក	់	ត	ល
ន	៍	ឈ	ឱ	្	វ	ិ	ភ	អ	ល	ឆ	វ	ង	អ
ច	ព	ម	ព	ប	យ	យ	ព	រ	ន	ថ	ា	ជ	ឱ
ន	ា	ប	័	ទ	្	ម	ស	ង	រ	ៀ	្	ម	ច
ឆ	ក	ត	យ	ល	យ	ង	ស	ទ	ជ	ថ	ង	ម	ច
យ	ព	ស	ល	ស	ទ	េ	ក	ច	េ	្	ច	ប	ី
ប	្	រ	គ	ុ	ំ	ត	ន	្	ត	្	រ	ី	ទ

អាល់ប៊ុម
សិល្បករ
សមាសភាព
ប្រគុំតន្ត្រី
ស្គរ
ល្បី
សំណព្វ
ប្រភេទ
អភិវឌ្ឍន៍
តន្ត្រី
ថ្មី
ចាស់
ភ្លេង
ចង្វាក់
ចម្រៀង
នាប័ទ្ម
ទេពកោសល្យ
បច្ចេកទេស

99 - Vacation #2

ពល ិ ខ ិ ត ឩ   ៉ លង ជ ៃ ន ភ
ក ុ ធ ុ រ ើ ជ ំ ណ ើ រ អ ហ ៅ
ច ច រ ង ជ ប រ ទ ្ ស យ ជ អ ជ
យ ន គ ល ហ ឺ ជ យ យ ក ស ន ព ន
រ ជ ៅ ើ ៗ ត ក ឩ ឩ ស ឌ ប ប ឺ
ស ប ឋ ុ ង ន ក ជ ឌ ជ ព រ អ យ
រ ន ៅ ភ ជ ុ ត យ ញ ព ក ទ ហ ជ
ត ក ុ ច ឌ ស ស ខ ឩ ុ ខ ៅ ច ុ
ៅ ឡ ណ រ ឌ ៅ ឌ ម ត យ ជ ស ជ ឋ
ក ជ ស ម គ ំ ន រ ុ ម ហ ុ ហ ៅ
ះ ក ទ ព ត ក អ ឺ ង ទ ណ ច ន ន
ស ៅ រ ណ ត ង ់ ស គ ជ ុ ប ំ ស
ឺ ៖ ឩ ុ ន ៅ រ ៅ ជ ម យ រ ុ ឡ
ើ ក ជ ំ រ ុ ំ ផ ៃ ន ទ ើ ភ រ

ព្រលាន   ភ្នំ
ផ្លូវ   លិខិតឆ្លងដែន
ជួរ   ភោជនីយដ្ឋាន
បរទេស   សមុទ្រ
ជនបរទេស   ភាគ់ស៊ុំ
សណ្ឋាគារ   គង់
កោះ   ជេភ្លើង
ធ្វើដំណើរ   ដីកជញ្ញន
កំសាន្ត   វីសា
ដែនទី

100 - Electricity

ប ប ន ឥ ទ ត ង ហ ណ ន ថ អ ស ក
ស វ ង ដ យ ◌ៈ ច ច ◌ ◌ៈ ត វ អ ◌ា
◌ៈ ែ ◌ិ ង ហ យ វ ន ម គ ត ឌ ខ វ
◌ើ ◌ៈ អ ម ◌ៈ ច វ ស ែ ◌ៈ ខ ◌ា ឌ ផ
ន ស គ ណ ◌ា ច ◌ិ វ ◌ៈ ឱ ឡ វ ញ ◌ៈ
ភ ធ ◌ៈ ន វ ណ ជ ទ ច ៣ ឡ ល អ ទ
◌ៈ ម គ ង ក ៀ ◌ៈ ង ច ច ◌ ឡ ន ◌ៈ
ល ែ ◌ើ ណ ទ ង ជ ក ណ វ វ ទ វ ក
◌ើ ដ ស ង ង ន ម ◌ា ជ ជ ◌ៈ ◌ិ វ អ
ង ែ ន ណ ឡ ឱ ◌ា ហ ជ ដ យ ន ហ ត
ប ក ◌ើ ឡ ជ ន ន ◌ើ ស គ ◌ិ ◌ៈ គ អ
ទ ◌ៈ វ វ ទ ស ◌ៈ ស ន ◌ យ ដ អ ឡ អ
ប ឌ ឱ ច ម ម គ ង ទ ន យ យ គ ជ
ថ ហ ឱ វ ឱ ង ហ យ ទ ទ ឱ ស ឡ ជ

ខ្មែរ   ណ្ដាញ
អគ្គិសនី   វិភ្ជូ
អគ្គិសនី   វិជ្ជមាន
ស៊ីនភ្លើង   បរិមាណ
ចង្គៀង   វ្ន្ត
សៃ្រ   ការវ្ជូក
មេដែក   ទូរស៊ុញ
អវិជ្ជមាន   ទូទស្សន៍

1 - Antiques

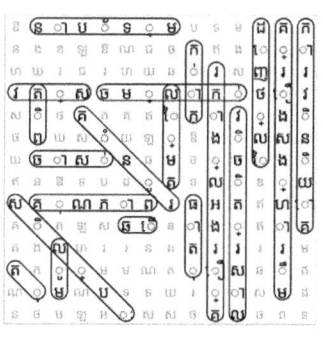

2 - Food #1

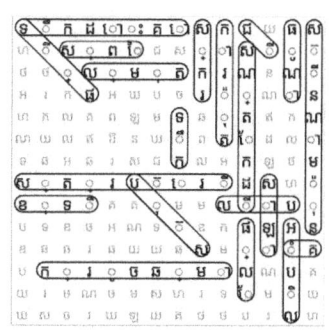

3 - Measurements

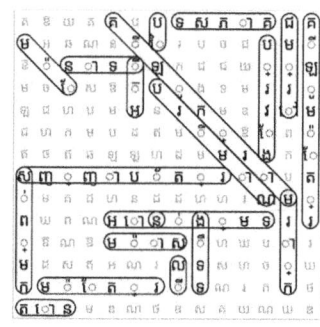

4 - Farm #2

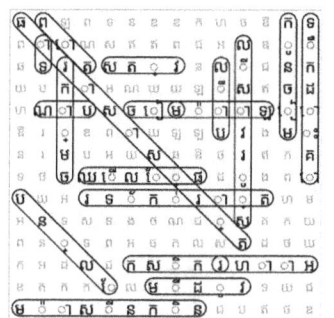

5 - Books

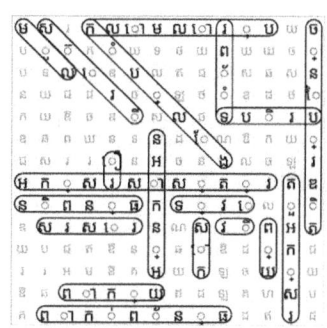

6 - Meditation

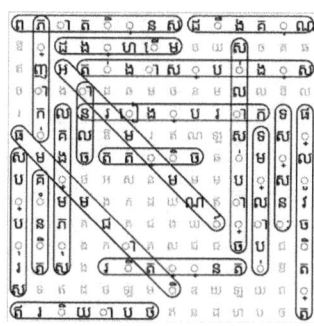

7 - Days and Months

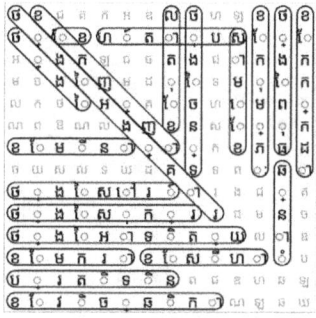

8 - Energy

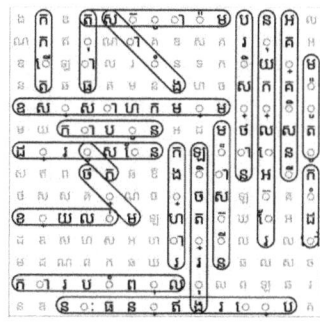

9 - Chess

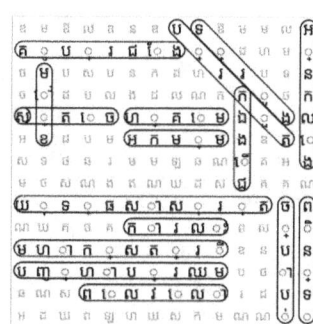

10 - Archeology

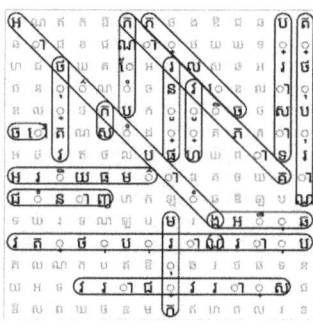

11 - Food #2

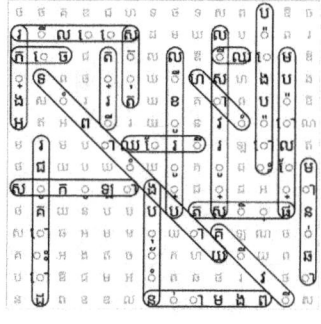

12 - Chemistry

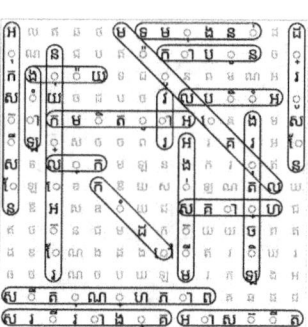

13 - Music

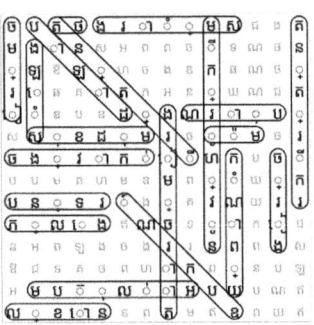

14 - Family

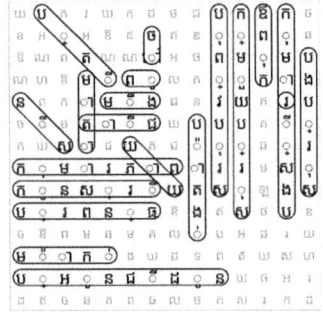

15 - Farm #1

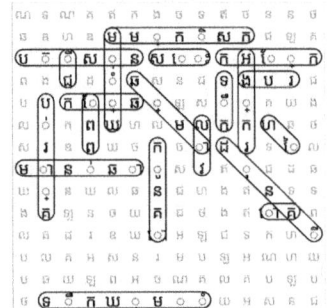

16 - Camping

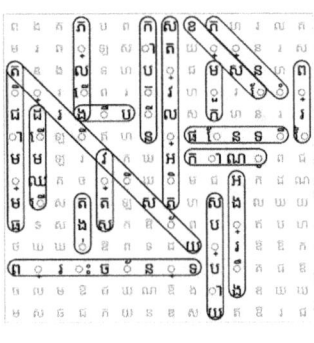

17 - Algebra

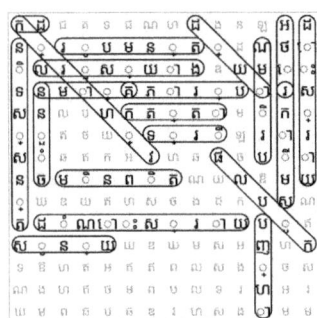

18 - Numbers

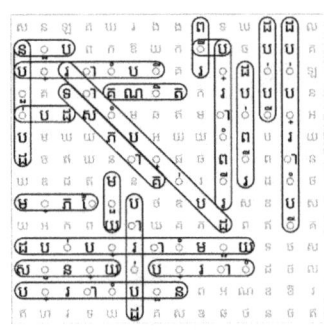

19 - Spices

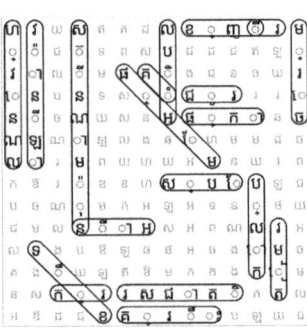

20 - Universe

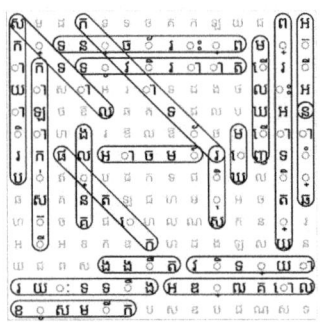

21 - Mammals

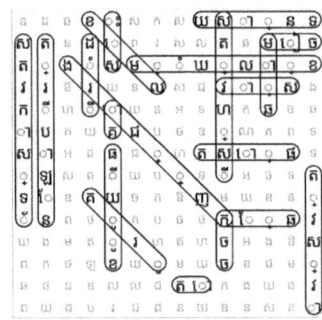

22 - Restaurant #1

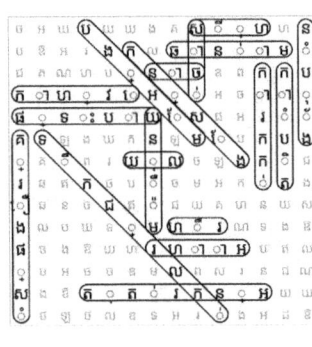

23 - Bees

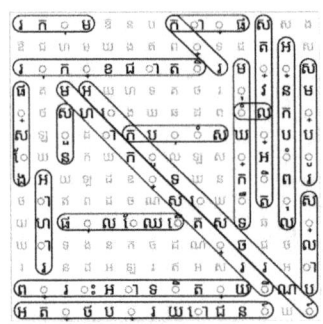

24 - Weather

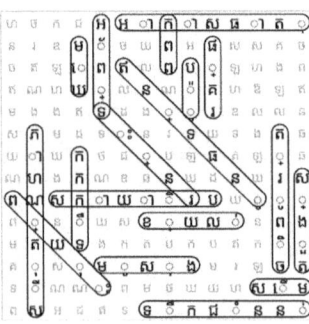

25 - Adventure

26 - Sport

27 - Restaurant #2

28 - Geology

29 - House

30 - Physics

31 - Climbing

32 - Shapes

33 - Scientific Disciplines

34 - Science

35 - Beauty

36 - Clothes

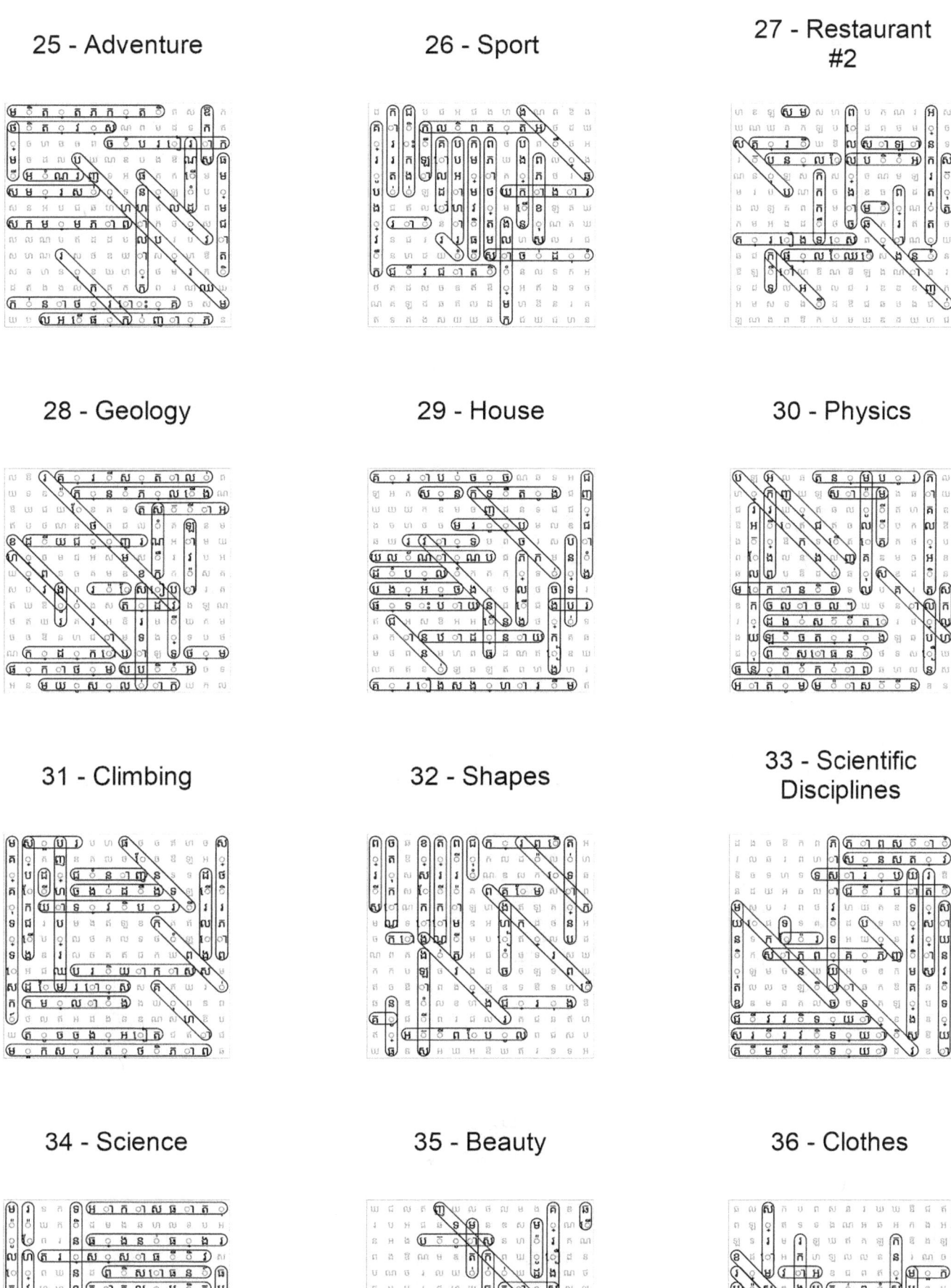

37 - Ethics

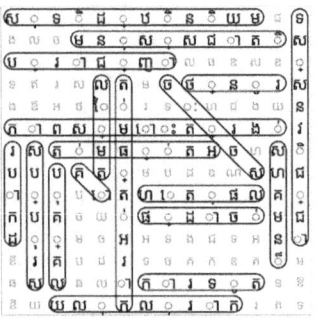

38 - Insects

39 - Astronomy

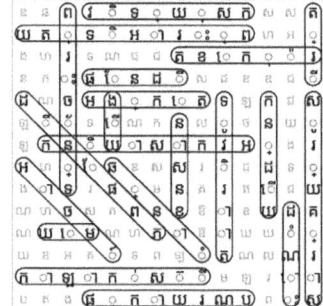

40 - Health and Wellness #2

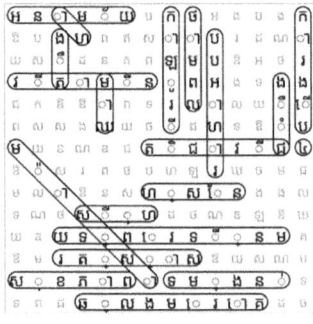

41 - Time

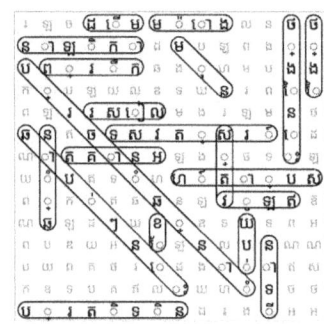

42 - Buildings

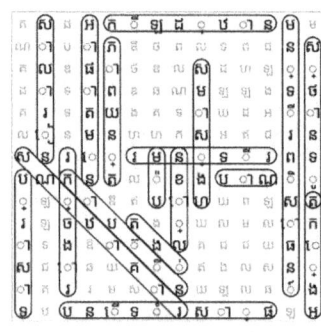

43 - Philanthropy

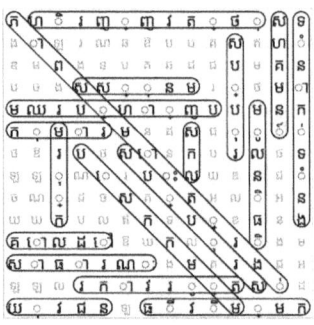

44 - Gardening

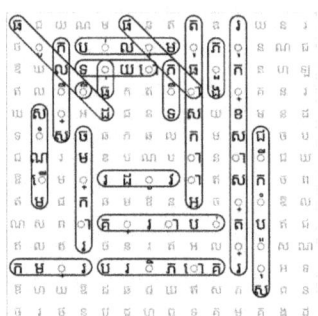

45 - Herbalism

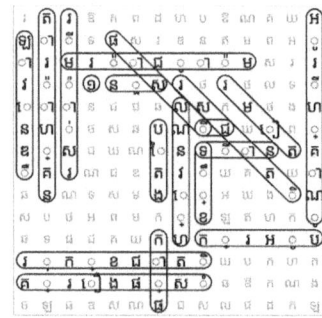

46 - Vehicles

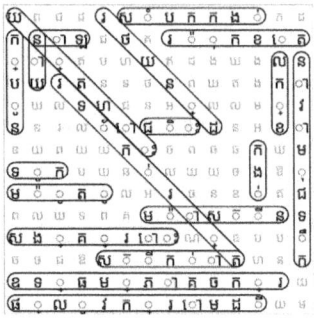

47 - Health and Wellness #1

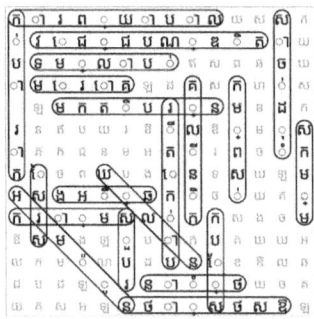

48 - Town

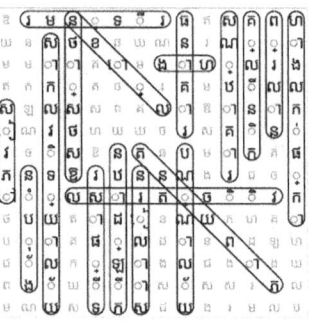

49 - Antarctica

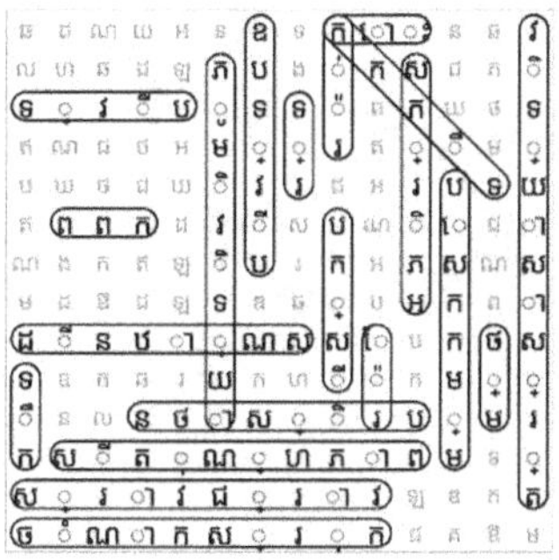

50 - Human Body

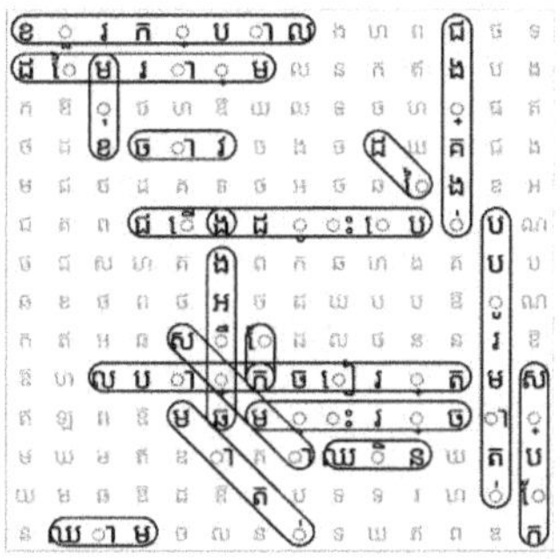

51 - Musical Instruments

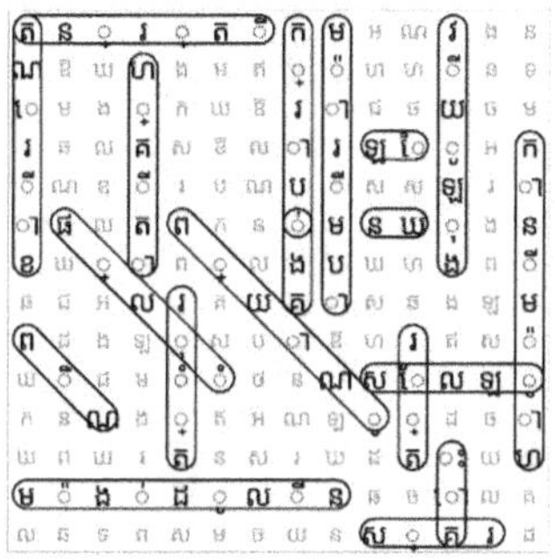

52 - Fruit

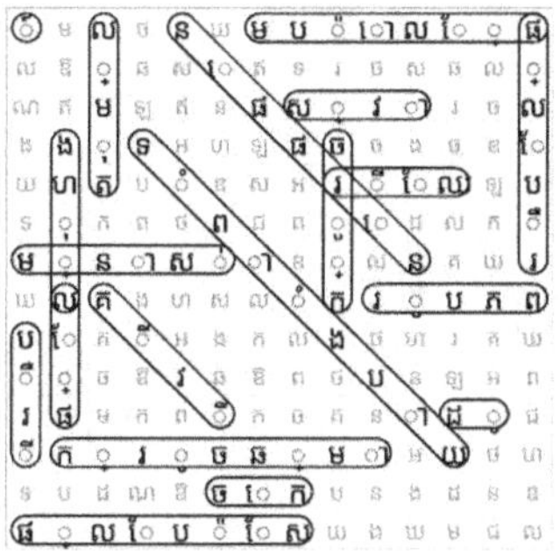

53 - Engineering

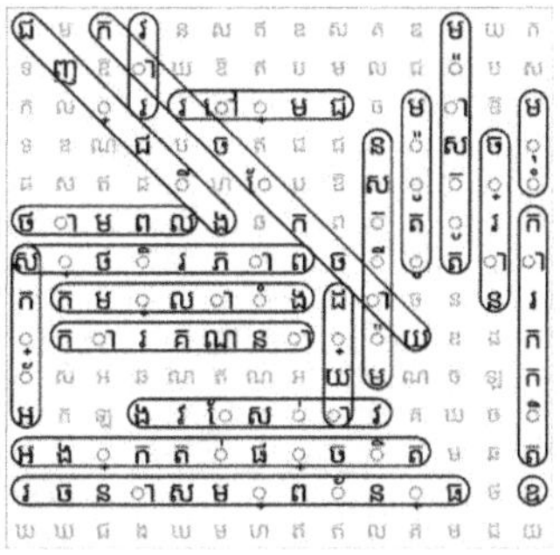

54 - Kitchen

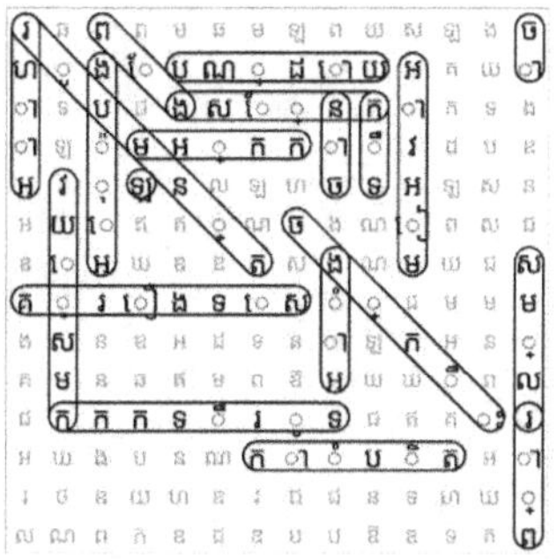

55 - Government

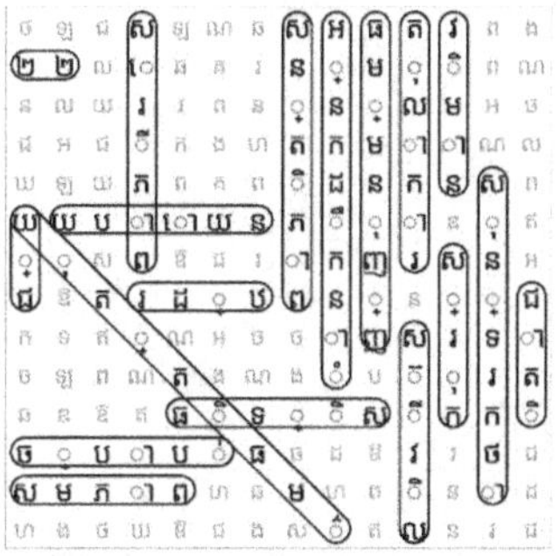

56 - Art Supplies

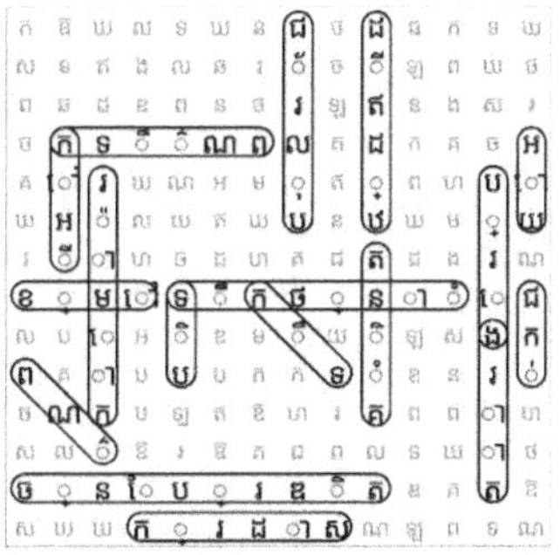

57 - Science Fiction

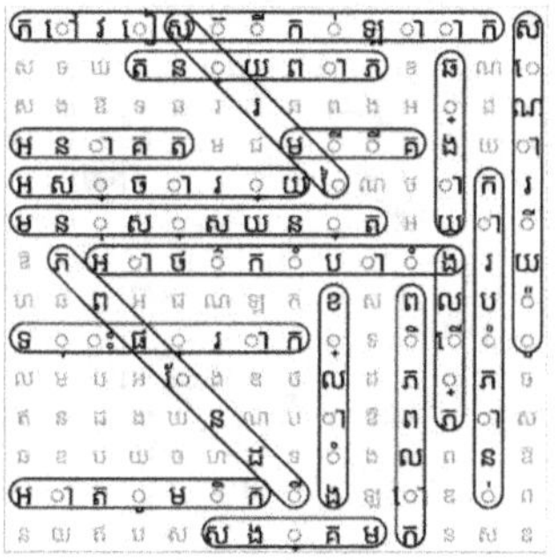

58 - Geometry

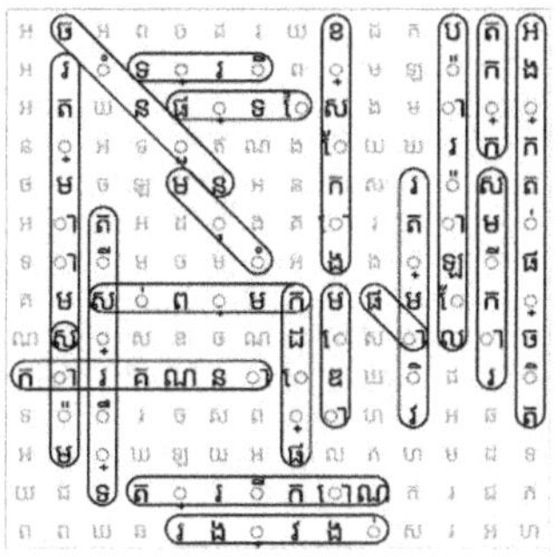

59 - Creativity

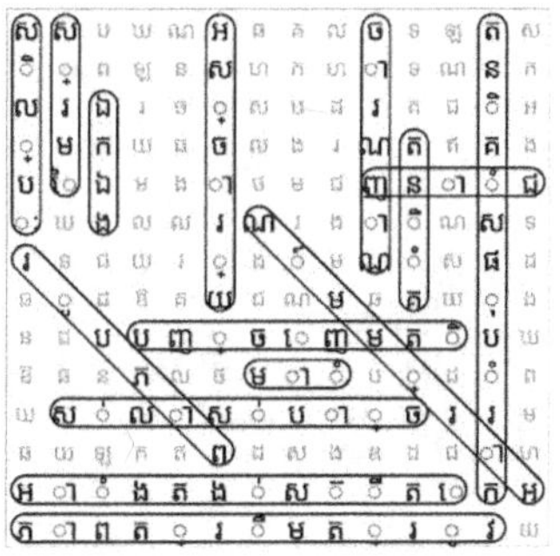

60 - Airplanes

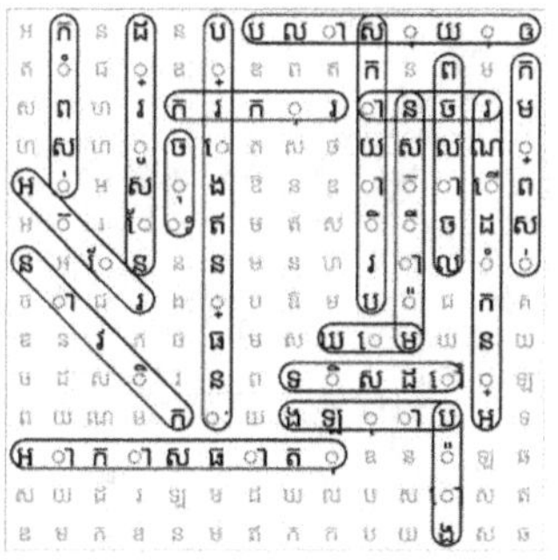

61 - Ocean

62 - Force and Gravity

63 - Birds

64 - Art

65 - Politics

66 - Nutrition

67 - Hiking

68 - Professions #1

69 - Barbecues

70 - Chocolate

71 - Vegetables

72 - The Media

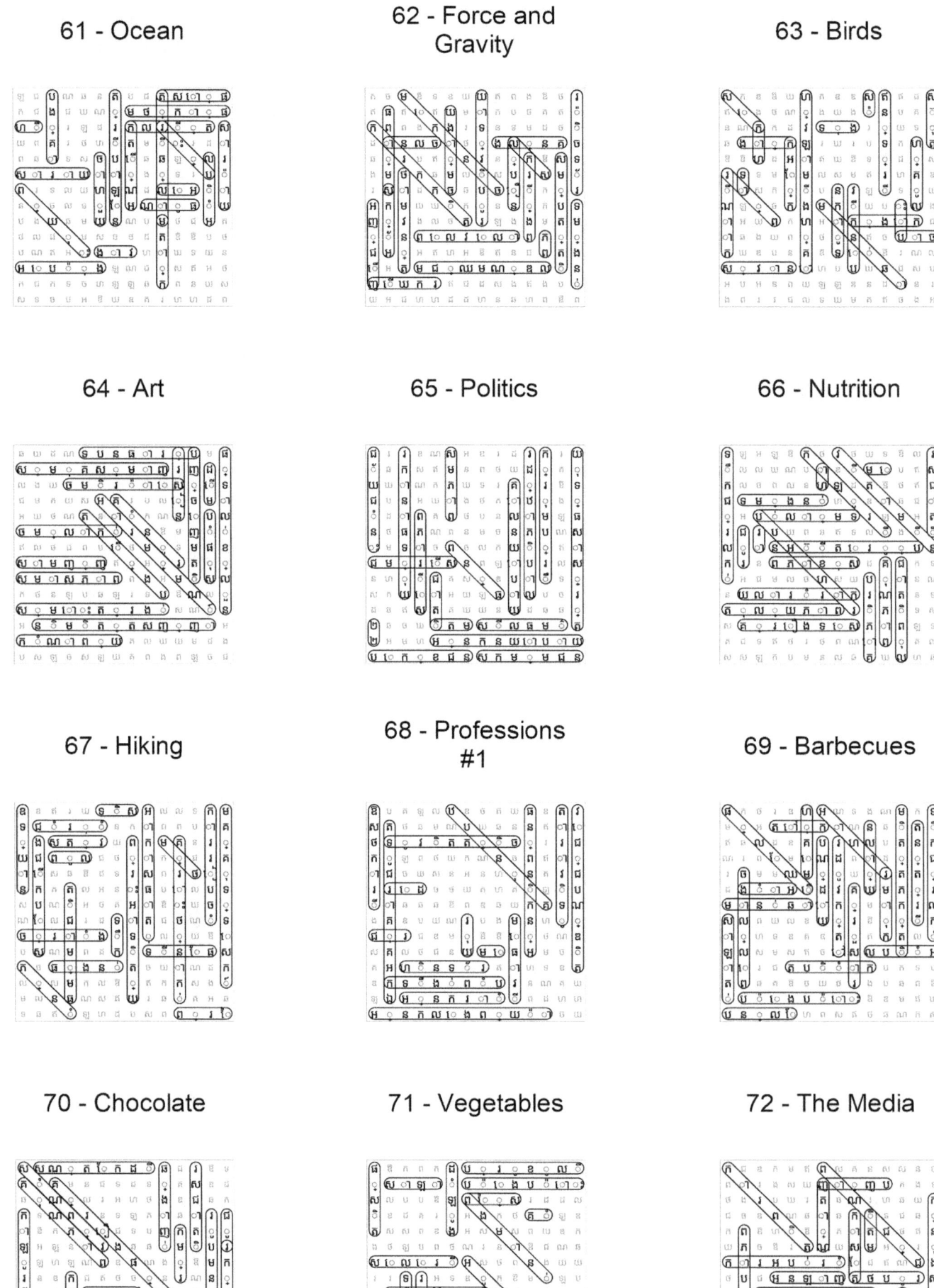

73 - Boats

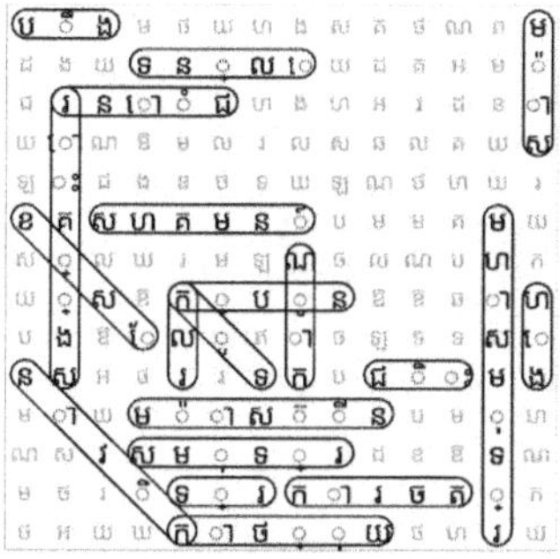

74 - Activities and Leisure

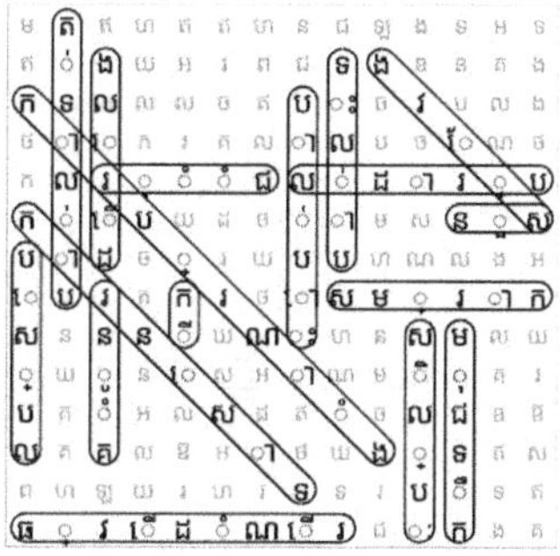

75 - Driving

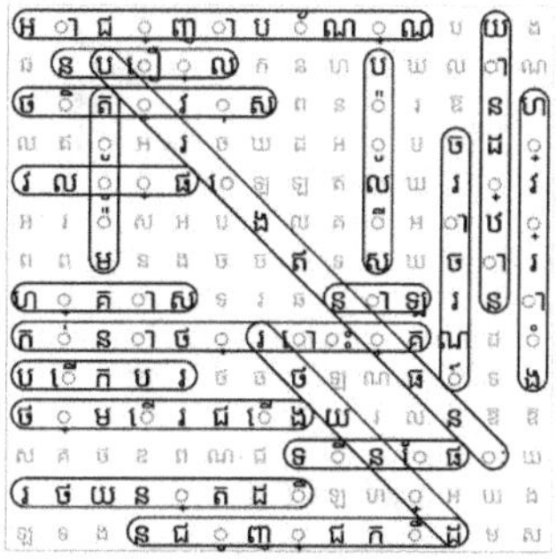

76 - Professions #2

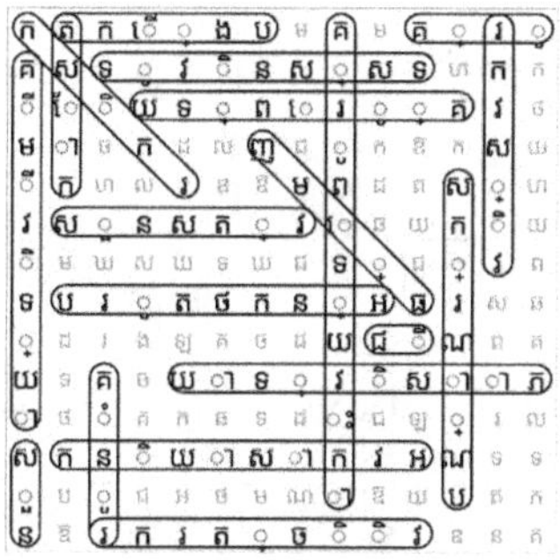

77 - Mythology

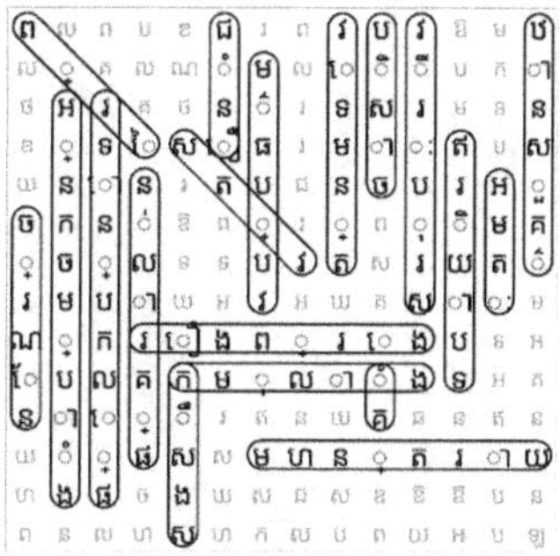

78 - Hair Types

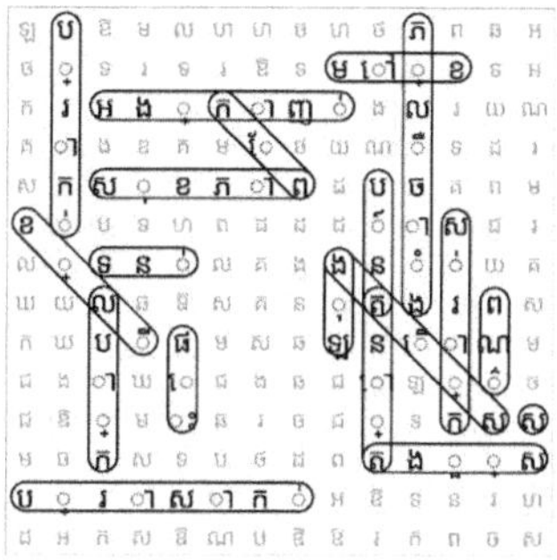

79 - Garden

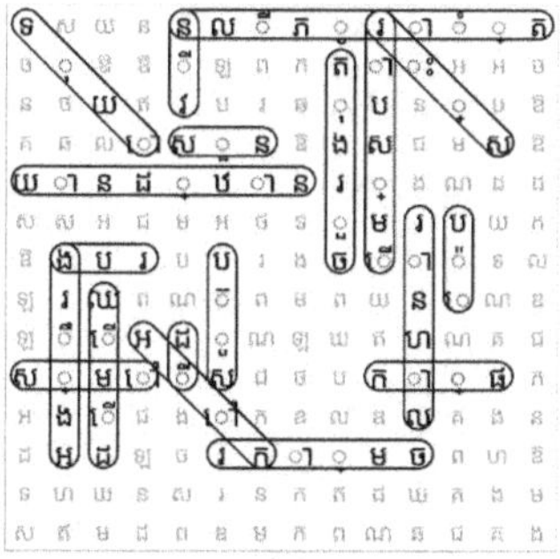

80 - Diplomacy

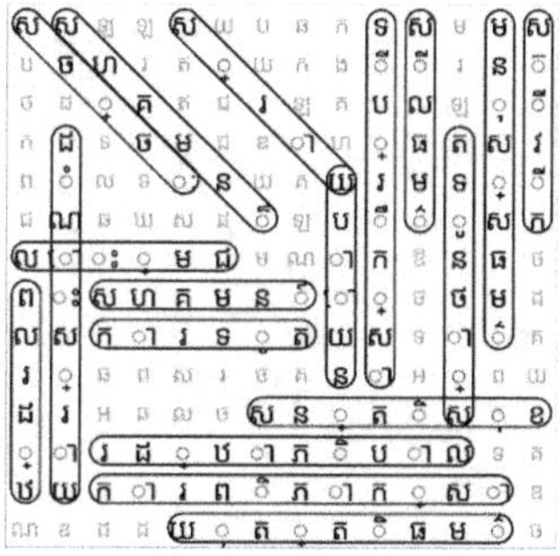

81 - Beach

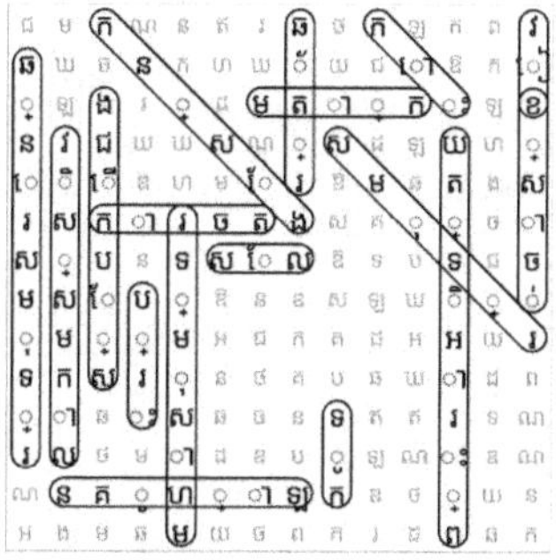

82 - Countries #1

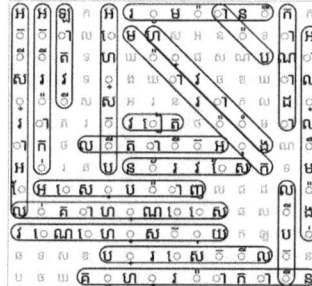

83 - Adjectives #1

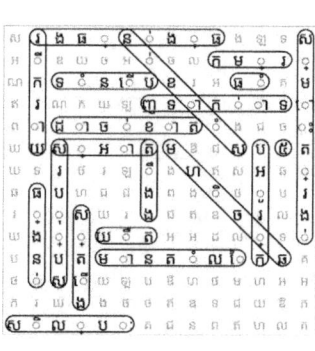

84 - Technology

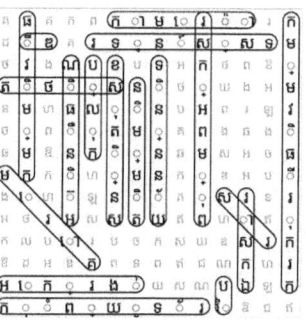

85 - Landscapes

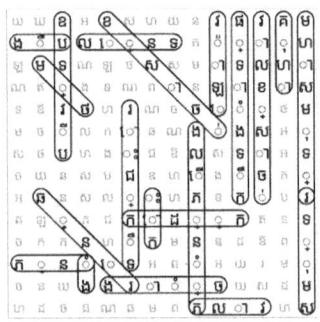

86 - Visual Arts

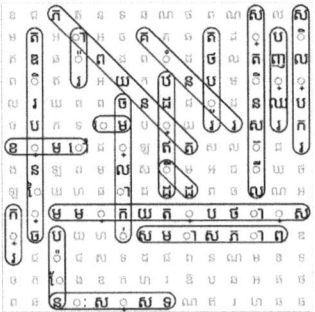

87 - Plants

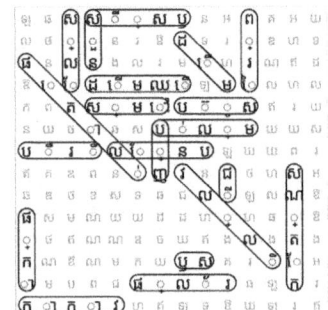

88 - Boxing

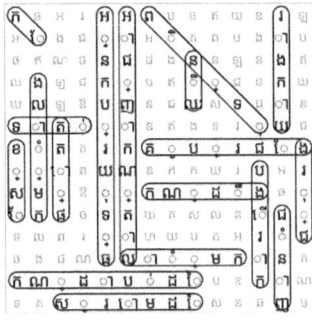

89 - Countries #2

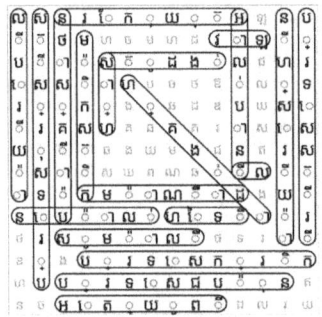

90 - Adjectives #2

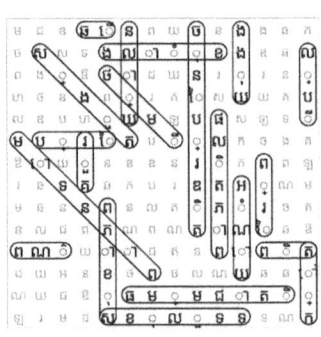

91 - Water

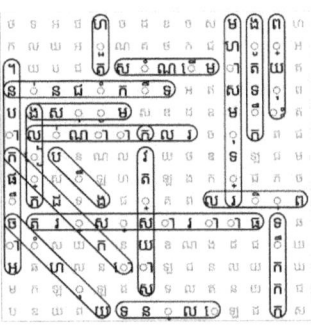

92 - Activities

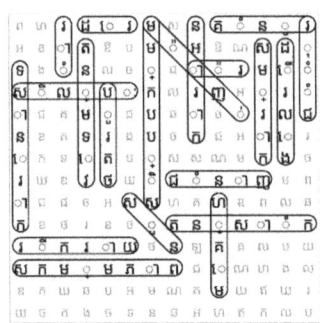

93 - Business

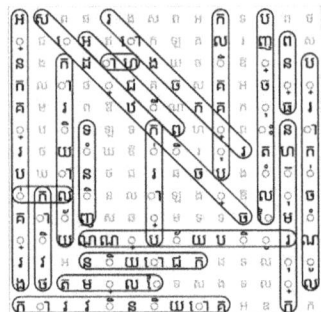

94 - The Company

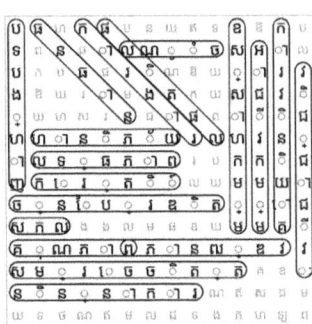

95 - Literature

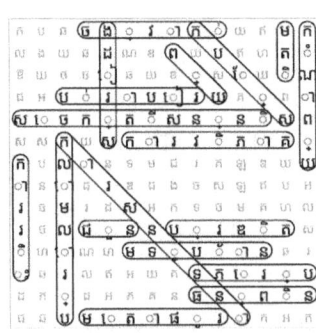

96 - Geography

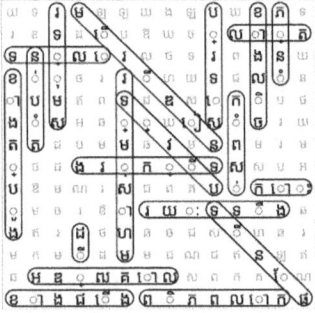

97 - Pets

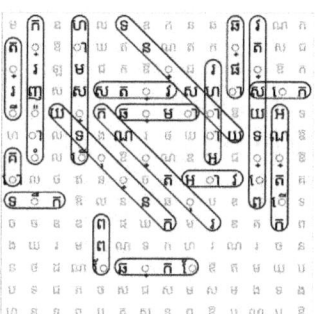

98 - Jazz

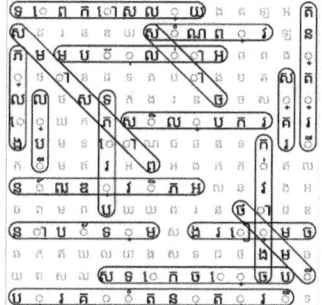

99 - Vacation #2

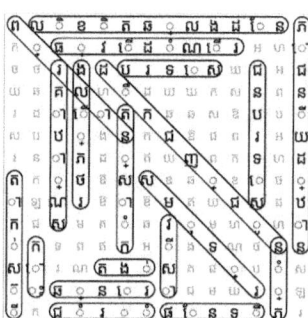

100 - Electricity

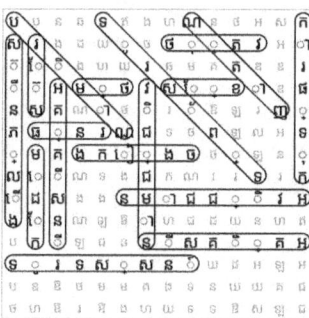

Dictionary

Activities
សកម្មភាព

Activity	សកម្មភាព
Art	សិល្បៈ
Camping	ជំរំ
Ceramics	រា
Crafts	សិប្បកម្ម
Dancing	រាំ
Fishing	ការនេសាទ
Games	ហ្គេម
Gardening	សួន
Hiking	ដរលើងៃ
Hunting	ម៉ាញ់
Leisure	កំសាន្ត
Magic	វេទមន្ត
Painting	គំនូរ
Photography	ថតរូប
Pleasure	វិកឡាយ
Reading	ការអាន
Relaxation	សម្រាក
Sewing	ដេរ
Skill	ជំនាញ

Activities and Leisure
សកម្មភាព និងការកំសាន្ត

Art	សិល្បៈ
Baseball	បេស្បុល
Basketball	បាល់បោះ
Boxing	ប្រដាល់
Camping	ជំរំ
Diving	មុជទឹក
Fishing	ការនេសាទ
Gardening	សួន
Hiking	ដរលើងៃ
Painting	គំនូរ
Racing	ការប្រណាំង
Relaxing	សម្រាក
Soccer	បាល់ទាត់
Surfing	សួរវៃង
Tennis	កី
Travel	ធ្វេដំណើរ
Volleyball	បាល់ទះ

Adjectives #1
គុណនាមលខេ ១

Absolute	ដាច់ខាត
Ambitious	មហិច្ឆន
Aromatic	ក្រអូប
Artistic	សិល្បៈ
Attractive	ទាក់ទាញ
Beautiful	ស្អាត
Dark	ងងឹត
Exotic	កម្រ
Generous	សប្បុរស
Happy	រីករាយ
Heavy	ធ្ងន់
Honest	ស្មោះត្រង់
Huge	ធំ
Identical	៥.
Important	សំខាន់
Modern	ទំនើ
Serious	ធ្ងន់ធ្ងរ
Slow	យឺត
Thin	ស្តើង
Valuable	មានតំលៃ

Adjectives #2
គុណនាមលខេ ២

Authentic	ពិត
Creative	ច្នៃប្រឌិត
Descriptive	ពណ៌
Dry	ស្ងួត
Elegant	ឆ្នើ
Famous	ល្បី
Gifted	អំណោយ
Healthy	សុខភាព
Hot	ក្តៅ
Hungry	ឃ្លាន
Interesting	គួរ
Natural	ធម្មជាតិ
New	ថ្មី
Productive	ផលិតភាព
Proud	មោទនភាព
Responsible	ទទួលខុស
Salty	ប្រៃ
Sleepy	ងងុយ
Strong	ខ្លាំង
Wild	ព្រៃ

Adventure
ដំណើផ្សេងព្រង

Activity	សកម្មភាព
Beauty	សម្រស់
Bravery	ក្លាហាន
Challenges	បញ្ហាប្រឈម
Chance	ឱកាស
Dangerous	គួរចែចូនាក់
Excursion	ដំណើ
Friends	មិត្តភក្តិ
Itinerary	ផ្លូវ
Joy	អំណរ
Nature	ធម្មជាតិ
Navigation	រុករក
New	ថ្មី
Preparation	ការរៀបចំ
Safety	សុវត្ថិ
Surprising	ភ្ញាក់ផ្អើលី
Unusual	មិនធម្មតា

Airplanes
យន្តហោះ

Air	អវ័
Altitude	កំពស់
Atmosphere	បរិយាកាស
Balloon	ហាឡូង
Crew	នាវិក
Descent	ចុះ
Design	រចនា
Direction	ទិសដៅ
Engine	ម៉ាស៊ីន
Fuel	ប្រេងឥន្ធនៈ
Height	កម្ពស់
Hydrogen	ដ្សូរនៃ
Inflate	បំប៉ោង
Navigate	រុករក
Passenger	អ្នកដំណើ
Propellers	ចុយស្លាប
Sky	មេឃ
Turbulence	ពេលាចល
Weather	អាកាសធាតុ

Algebra
ពិជគណិត

Diagram	ដ្យាក្រាម
Equation	សមីការ
Exponent	និទស្សន្ត
Factor	កត្តា
False	មិនពិត
Formula	រូបមន្ត
Fraction	ប្រភាគ
Graph	ក្រាហ្វ
Infinite	គ្មាន
Matrix	ម៉ាទ្រី
Number	ចំនួន
Problem	បញ្ហា
Quantity	បរិមាណ
Simplify	ងាយស្រួល
Solution	ដំណោះស្រាយ
Solve	ដោះស្រាយ
Subtraction	ដក
Sum	ផលបូក
Variable	អថេរ
Zero	សូន្យ

Antarctica
អង់តាក់ទិក

Bay	ឆូរ
Birds	បក្សី
Clouds	ពពក
Conservation	អភិរក្ស
Continent	ទ្វីប
Cove	ឆ្ងម
Environment	បរិស្ថាន
Expedition	បេសកកម្ម
Geography	ភូមិវិទ្យា
Ice	ទឹកកក
Islands	កោះ
Migration	ចំណាកស្រុក
Minerals	រ៉ែ
Peninsula	ឧបទ្វីប
Researcher	ស្រាវជ្រាវ
Rocky	ថ្ម
Scientific	វិទ្យាសាស្ត្រ
Temperature	សីតុណ្ហភាព
Topography	សណ្ឋានដី
Water	ទឹក

Antiques
វត្ថុបុរាណ

Art	សិល្បៈ
Auction	ដេញថ្លៃ
Authentic	ពិត
Century	វត្ស
Coins	កាក់
Collector	មូល
Decorative	តុ
Elegant	ធរេ
Furniture	គ្រឿងសង្ហារឹម
Gallery	វិចិត្រសាល
Investment	ការវិនិយោគ
Item	ធាតុ
Jewelry	គ្រឿងអលង្ការ
Old	ចាស់
Paintings	គំនូរ
Price	តម្លៃ
Quality	គុណភាព
Sculpture	ចម្លាក់
Style	នាប់ទ្រម
Unusual	មិនធម្មតា

Archeology
បុរាណវិទ្យា

Analysis	ការវិភាគ
Ancient	បុរាណ
Antiquity	វត្ថុបុរាណ
Bones	ឆ្អឹង
Civilization	អរិយធម៌
Descendant	ចៅ
Era	សក
Evaluation	ការវាយតម្លៃ
Expert	ជំនាញ
Forgotten	ភ្លេចចេ
Fossil	ហ្វូ
Fragments	បំណែក
Mystery	អាថ៌កំបាំង
Objects	វត្ថុ
Relic	វត្ថុបុរាណ
Researcher	ស្រាវជ្រាវ
Team	ក្រុម
Temple	ប្រាសាទ
Tomb	ផ្នូរ
Unknown	មិនស្គាល់

Art
សិល្បៈ

Ceramic	សេរ៉ាមិច
Complex	ស្មុគស្មាញ
Composition	សមាសភាព
Create	បង្កើត
Expression	បញ្ចេញមតិ
Honest	ស្មោះត្រង់
Inspired	បំផុស
Mood	អារម្មណ៍
Original	ដម៌
Paintings	គំនូរ
Personal	ផ្ទាល់ខ្លួន
Poetry	កំណាព្យ
Sculpture	ចម្លាក់
Simple	សាមញ្ញ
Subject	ប្រធានបទ
Surrealism	រស ៀន
Symbol	និមិត្តសញ្ញា

Art Supplies
សិល្បៈផ្គត់ផ្គង់

Acrylic	អាឃ្រីល
Brushes	ជក់
Camera	កាម៉េរ៉ា
Chair	កៅអី
Clay	ដីឥដ្ឋ
Colors	ពណ៌
Creativity	ច្នៃប្រឌិត
Eraser	ជ័រលុប
Glue	បិទ
Ideas	គំនិត
Ink	ទឹកថ្នាំ
Oil	ប្រេង
Paper	ក្រដាស
Pencils	ខ្មៅដៃ
Table	តារាង
Water	ទឹក
Watercolors	ពណ៌ទឹក

Astronomy
តារាសាស្ត្រ

Asteroid	អាចម៍
Astronaut	អវកាសយានិក
Astronomer	តារវិទូ
Constellation	ខនសាន
Cosmos	យង៉
Earth	ផ្នែនដី
Eclipse	សូរ្យគ្រាស
Equinox	គ្រី
Galaxy	កាឡាក់ស៊ី
Meteor	កន្ទុយឧយ៍
Moon	ព្រះច័ន្ទ
Nebula	ដំណោះ
Observatory	អង្កតេ
Planet	ភពផ្នែនដី
Radiation	វិទ្យុសកម
Rocket	រ៉ុកគេ
Satellite	ផ្កាយរណប
Sky	មឃ
Solar	ព្រះអាទិត្យ
Zodiac	ធូនាំ

Barbecues
សាច់អាំង

Chicken	មាន់តា
Children	កុមារ
Dinner	ពេលល្ងាច
Family	គ្រួសារ
Food	អាហារ
Forks	បណ្ឌជោយ
Friends	មិត្តភក្តិ
Fruit	ផ្លែឈើ
Games	ហ្គតមេ
Grill	អាំង
Hot	កុតៅ
Hunger	ឃ្លាន
Knives	កាំបិត
Music	តន្ត្រី
Salads	សាឡាត់
Salt	អំបិល
Sauce	ទឹកជ្រលក់
Summer	រដូវក្តៅ
Tomatoes	ប៉េងប៉ោះ
Vegetables	បន្លែ

Beach
ឆ្នេរ

Blue	ខៀ្ងវ
Boat	ទូក
Coast	ឆ្នេរសមុទ្រ
Crab	ក្តាម
Dock	ការចត
Island	កោះ
Lagoon	ឡាហ្គូន
Ocean	មហាសមុទ្រ
Reef	ប្ជ័រ
Sand	ខ្សាច់
Sandals	ស្បែកជេដង៍
Sea	សមុទ្រ
Shells	សំលែ
Sun	ព្រះអាទិត្យ
Towel	កន្សែង
Umbrella	ឆ័ត្រ
Vacation	វិស្សមកាល

Beauty
សម្ផស្សស

Charm	ទាក់ទាញ
Color	ពណ៌
Cosmetics	គ្រឿ៉ងសម្អាង
Elegant	នវេ
Fragrance	ក្លិន
Grace	ព្រះគុណ
Lipstick	មាត់
Makeup	តុបតែង
Mascara	ស្កា
Mirror	កញ្ចក់
Oils	ប្ជរេង
Photogenic	រូបថត
Products	ផលិតផល
Scissors	កន្ត្រៃ
Services	សេវាកម្ម
Shampoo	សាប៊ូ
Skin	ស្បែក
Stylist	ម៉ូដ

Bees
ឃុម្ំ

Beneficial	អត្ថប្រយោជន៍
Diversity	សម្បូរ
Ecosystem	អក្រេសេចរណ៍
Flowers	ផ្កា
Food	អាហារ
Fruit	ផ្លែឈើ
Garden	ស្ងន
Hive	សំបុក
Honey	ទឹកឃុម្ំ
Insect	សត្វល្អិត
Plants	រុក្ខជាតិ
Pollen	លំ
Pollinator	អូនកបំពុល
Queen	មហាក្សស្ត្រី
Smoke	ផ្សែង
Sun	ព្រះអាទិត្យ
Swarm	រកុម
Wax	ក្ជរ
Wings	ស្លាប

Birds
សត្វបក្សី

Canary	កាណារី
Chicken	មាន់តា
Crow	ក្អកែ
Duck	ទា
Eagle	តន្ទ្ទ្រី
Egg	ស៊ុត
Flamingo	ហ្វ្ឡាមីងហ្គតៅ
Goose	ក្ងា
Gull	ហ្គុល
Hawk	ហាក
Heron	សំ
Ostrich	បោះ
Parrot	សកែ
Peacock	ក្ងពោក
Pelican	ទុង
Penguin	បនេកវី
Pigeon	ព្ជវ
Sparrow	ចាប
Swan	ស្វាន
Toucan	ទូកាន

Boats
ទូក

Anchor	យុថ្កា
Buoy	ហាង
Canoe	កាណូ
Crew	នាវិក
Dock	ការចត
Engine	ម៉ាស៊ីន
Kayak	ជិះ
Lake	បឹង
Lifeboat	សង្គ្រោះ
Maritime	ទូរ
Mast	ម៉ាស
Nautical	សហគមន៍
Ocean	មហាសមុទ្រ
Raft	ក្បូន
River	ទន្លេ
Rope	ខ្សែ
Sea	សមុទ្រ
Tide	ជំនោរ
Waves	រលក
Yacht	ទូក

Books
សៀវភៅ

English	Khmer
Author	និពន្ធ
Character	តួអក្សរ
Collection	មូល
Context	បរិបទ
Duality	ទ្វេរ
Epic	វីរ
Humorous	កំប្លែង
Inventive	ច្នៃប្រឌិត
Literary	អក្សរសាស្ត្រ
Novel	ប្រលោមលោក
Page	ទំព័រ
Poem	កំណាព្យ
Poetry	កំណាព្យ
Reader	អ្នកអាន
Relevant	ពាក់ព័ន្ធ
Series	សិរី
Story	រឿង
Tragic	សោក
Words	ពាក្យ
Written	សរសេរ

Boxing
កីឡាប្រដាល់

English	Khmer
Bell	កណ្ដឹង
Body	រាងកាយ
Chin	ឈ្ងិន
Corner	ជ្រុង
Elbow	កៃ
Exhausted	កម្លាំ
Fighter	អ្នកប្រយុទ្ធ
Fist	កណ្ដាប់ដៃ
Focus	ផ្តោត
Gloves	ស្រោមដៃ
Kick	ទាត់
Opponent	គូប្រជែង
Points	ពិន្ទុ
Recovery	ការងើប
Referee	អាជ្ញាកណ្ដាល
Ropes	ខ្សែ
Skill	ជំនាញ
Strength	កម្លាំង

Buildings
អាគារ

English	Khmer
Apartment	អាផាតមេន
Barn	បាណ
Cabin	កាប៊ីន
Castle	ប្រាសាទ
Cinema	ភាពយន្ត
Embassy	ស្ថានទូត
Factory	រោងចក្រ
Hospital	មន្ទីរពេទ្យ
Hostel	ហ្គេសសមាស
Hotel	សណ្ឋាគារ
Laboratory	មន្ទីរពិសោធន៍
Museum	អមន្ទីរ
Observatory	អង្កេត
School	សាលារៀន
Stadium	កីឡដ្ឋាន
Supermarket	ផ្សារទំនើប
Tent	តង់
Theater	ល្ខោន
Tower	ប៉ម
University	សាកលវិទ្យាល័យ

Business
អាជីវកម្ម

English	Khmer
Budget	ថវិកា
Career	អាជីព
Company	ក្រុមហ៊ុន
Cost	តម្លៃ
Currency	រូបិយប័ណ្ណ
Discount	បញ្ចុះតំលៃ
Economics	សេដ្ឋកិច្ច
Employee	បុគ្គលិក
Employer	និយោជក
Factory	រោងចក្រ
Finance	ហិរញ្ញវត្ថុ
Income	ប្រាក់ចំណូល
Investment	ការវិនិយោគ
Manager	អ្នកគ្រប់គ្រង
Merchandise	ទំនិញ
Money	ប្រាក់
Office	ការិយាល័យ
Sale	លក់
Shop	ហា
Taxes	ពន្ធ

Camping
បោះជំរុំ

English	Khmer
Animals	សត្វ
Cabin	កាប៊ីន
Canoe	កាណូ
Compass	ត្រីវិស័យ
Fire	ភ្លើង
Forest	ព្រៃ
Fun	សប្បាយ
Hammock	អង្រឹង
Hat	មួក
Insect	សត្វល្អិត
Lake	បឹង
Map	ផែនទី
Moon	ព្រះច័ន្ទ
Mountain	ភ្នំ
Nature	ធម្មជាតិ
Rope	ខ្សែ
Tent	តង់
Trees	ដម៌ឈើ

Chemistry
គីមីវិទ្យា

Acid	អាស៊ីត
Alkaline	ឡ្បាំង
Atomic	អាតូមិក
Carbon	កាបូន
Catalyst	កាតាល័ឥករ
Chlorine	ក្លរ
Electron	ឥ្យិចត្រុង
Enzyme	អង់ស៊ីម
Gas	ហ្គាស
Heat	កំដៅ
Hydrogen	ជ្ឍស្ម័នៃ
Ion	យ៉ុង
Liquid	រវ
Molecule	ម៉ូលេគុល
Nuclear	នុយក្លេអរែ
Organic	សរីរាង្គត
Oxygen	អុកស៊ីសែនៃ
Salt	អំបិល
Temperature	សីតុណ្ហភាព
Weight	ទម្ងន់

Chess
អុក

Black	ខ្មៅ
Challenges	បញ្ហាប្រឈម
Champion	ជើងឯក
Diagonal	ទ្រង
Game	ហ្គេម
King	ស្តេចេ
Opponent	គូប្រជែង
Passive	អកម្ម
Player	អ្នកលេង
Points	ពិន្ទុ
Queen	មហាក្សត្រី
Rules	ច្បាប់
Sacrifice	ការលះ
Strategy	យុទ្ធសាស្ត្រ
Time	ពេលវេលា
Tournament	ប្រកួត
White	ស

Chocolate
ស្ទក្ឡា

Antioxidant	ប្រឆាំងអុក
Bitter	ជូរ
Cacao	កាកាវ
Calories	កាឡូរី
Caramel	ខារ៉ាម៉ែល
Coconut	ដូ
Delicious	ឆ្ងាញ់
Exotic	កម្ម
Favorite	សំណព្វ
Ingredient	គ្រឿងផ្សំ
Peanuts	សណ្តែកដី
Powder	ម្សៅ
Quality	គុណភាព
Recipe	របមន្ត
Sugar	ស្ករ
Sweet	ផ្អែម
Taste	រសជាតិ

Climbing
កន្ឡ្បើ

Altitude	កំពស់
Atmosphere	បរិយាកាស
Boots	ស្បែកកែជើង
Cave	គុហា
Challenges	បញ្ហាប្រឈម
Curiosity	ចង់ដឹង
Expert	ជំនាញ
Gloves	ស្រ្ទាមដៃ
Guides	មគ្គុទ្ទេសក៍
Helmet	ម្លកសុវត្ថិភាព
Hiking	ដើរសើង
Injury	របួស
Map	ផែនទី
Narrow	គូចង្អអៀត
Physical	រូបវិទ្យា
Stability	ស្ថិរភាព
Strength	កម្លាំង
Terrain	ដី

Clothes
មូលៀកបំពាក់

Apron	អាវអៀម
Belt	ខ្សែក្រវ៉ាត់
Bracelet	ខ្សែដៃ
Coat	អាវធំ
Dress	រ៉ូប
Fashion	ម៉ូដ
Gloves	ស្រ្ទាមដៃ
Hat	ម្លក
Jacket	អាវ
Jeans	ប
Jewelry	គ្រឿងអលង្ការ
Necklace	ខ្សែ
Pajamas	គរ
Pants	ខោ
Scarf	កន្សែង
Shirt	អាវ
Shoe	ស្បែកជើង
Skirt	សំពត់
Socks	ស្រ្ទាម
Sweater	អាវយឺត

Countries #1
ប្រទេសលេខ 1

Brazil	ប្រេស៊ីល
Canada	កាណាដា
Egypt	អេហ្ស៊ីប
Finland	ហ្វាំង
Germany	អាល្លឺម៉ង់
Iraq	អ៊ីរ៉ាក់
Israel	អ៊ីស្រាអែល
Italy	អ៊ីតាលី
Latvia	ឡាតវី
Libya	លីប៊ី
Morocco	ម៉ារ៉ុក
Nicaragua	នីការ៉ាហ្គ
Norway	ន័រវែស
Panama	ប៉ា
Poland	ប្រទេសប៉ូឡ
Romania	រូម៉ានី
Senegal	សេណេហ្គាល់
Spain	អេស្ប៉ាញ
Venezuela	វេណេហ្ស៊យ
Vietnam	វៀត

Countries #2
ប្រទេស #2

Albania	អាល់ហានី
Denmark	ដាណឺម៉ាក
Ethiopia	អេត្យូពី
Greece	ប្រទេសក្រិក
Haiti	ហៃទី
Jamaica	ហ្សា
Japan	ប្រទេសជប៉ុន
Laos	ឡាវ
Lebanon	លី
Liberia	លីបេរីយ៉ា
Mexico	មិកសិក
Nepal	នេប៉ាល់
Nigeria	នីហ្សេរីយ៉ា
Pakistan	ប៉ាគីស្ថាន
Russia	ប្រទេសរុស្ស៊ី
Somalia	សូម៉ាលី
Sudan	ស៊ូដង់
Syria	ប្រទេសស៊េរី
Uganda	ហ្សុកង់ដា
Ukraine	អ៊ុយក្រែន

Creativity
ការច្នៃប្រឌិត

Artistic	សិល្បៈ
Authenticity	ភាពពិតមែនៗ
Clarity	ច្បាស់លាស់
Dramatic	អស្ចារ្យ
Emotions	អារម្មណ៍
Expression	បញ្ចេញេញមតិ
Ideas	គំនិត
Image	រូបភាព
Imagination	ស្រមៃ
Inspiration	ការបំផុសគំនិត
Intensity	អាំងតង់ស៊ីតេ
Intuition	ចារណាញាណ
Inventive	ច្នៃប្រឌិត
Skill	ជំនាញ
Spontaneous	ឯកឯង
Visions	ចក្ខុវិស័យ
Vitality	មាំ

Days and Months
ថ្ងៃនិងខែ

April	ខែមេសា
August	ខែសីហា
Calendar	ប្រតិទិន
February	ខែកុម្ភៈ
Friday	ថ្ងៃសុក្រ
January	ខែមករា
July	ខែកក្កដា
March	ខែមីនា
Monday	ថ្ងៃចន្ទ
Month	ខែ
November	ខែវិច្ឆិកា
October	ខែតុលា
Saturday	ថ្ងៃសៅរ៍
September	ខែកញ្ញា
Sunday	ថ្ងៃអាទិត្យ
Thursday	ថ្ងៃ
Tuesday	ថ្ងៃអង្គារ
Wednesday	ថ្ងៃពុធ
Week	សប្តាហ៍
Year	ឆ្នាំ

Diplomacy
ការទូត

Adviser	ទីប្រឹក្សា
Ambassador	ឯកអគ្គរាជទូត
Citizens	ពលរដ្ឋ
Civic	ស៊ីវិក
Community	សហគមន៍
Conflict	ជម្លោះ
Cooperation	សហគមន៍
Diplomatic	ការទូត
Discussion	ការពិភាក្សា
Embassy	ស្ថានទូត
Ethics	សីលធម៌
Government	រដ្ឋាភិបាល
Humanitarian	មនុស្សធម៌
Integrity	សច្ចៈ
Justice	យុត្តិធម៌
Politics	នយោបាយ
Resolution	ស្រាយ
Security	សន្តិសុខ
Solution	ដំណោះស្រាយ
Treaty	សន្ធិសញ្ញា

Driving
ការបើកបរ

Brakes	ហ្វ្រាំង
Bus	រថយន្តជ
Car	ឡាន
Danger	គ្រោះថ្នាក់
Driver	បើកបរ
Fuel	ប្រេងឥន្ធនៈ
Garage	យានដ្ឋាន
Gas	ហ្គាស
License	អាជ្ញាប័ណ្ណ
Map	ផែនទី
Motorcycle	ម៉ូតូ
Pedestrian	ថ្មើរជើង
Police	ប៉ូលីស
Road	ផ្លូវ
Safety	សុវត្ថិ
Speed	ល្បឿន
Traffic	ចរាចរណ៍
Transportation	ដឹកជញ្ជូន
Truck	រថយន្តដឹ
Tunnel	ផ្លូវរូង

Electricity
អគ្គិសនី

Battery	ថ្ម
Cable	ខ្សែ
Electric	អគ្គិសនី
Electrician	អគ្គីសនី
Generator	ស៊ីនភ្លេង
Lamp	ចង្កៀង
Laser	ស៊ែ
Magnet	មជេក
Negative	អវិជ្ជមាន
Network	ណេតាញ
Objects	វត្ថុ
Positive	វិជ្ជមាន
Quantity	បរិមាណ
Socket	រន្ធ
Storage	ការផ្ទុក
Telephone	ទូរស័ព្ទ
Television	ទូរទស្សន៍

Energy
ថាមពល

Battery	ថ្ម
Carbon	កាបូន
Diesel	ម៉ាស៊ីត
Electric	អគ្គិសនី
Electron	ឡិចត្រុង
Engine	ម៉ាស៊ីន
Entropy	ធាតុ
Environment	បរិស្ថាន
Fuel	ប្រេងឥន្ធនៈ
Gasoline	សាំង
Heat	កំដៅ
Hydrogen	ជួរសនៃ
Industry	ឧស្សាហកម្ម
Motor	ម៉ូតូ
Nuclear	នុយក្លេអ៊ែរ
Photon	ភូ
Pollution	ការបំពុល
Renewable	កកើត
Turbine	កង្ហារ
Wind	ខ្យល់

Engineering
វិស្វករកម្ម

Angle	មុំ
Axis	អ័ក្ស
Calculation	ការគណនា
Depth	ជម្រៅ
Diagram	ដ្យាក្រាម
Diameter	អង្កត់ផ្ចិត
Diesel	ម៉ាស៊ីត
Distribution	ការចែកចាយ
Energy	ថាមពល
Friction	ការកកិត
Gears	ខ
Levers	ដញ្ជើង
Liquid	រវ
Machine	ម៉ាស៊ីន
Measurement	វាស់វែង
Motor	ម៉ូតូ
Propulsion	ចូរាន
Stability	ស្ថិរភាព
Strength	កម្លាំង
Structure	រចនាសម្ព័ន្ធ

Ethics
ក្រមសីលធម៌

Altruism	ការ លុក លុយ
Cooperation	សហគមនី
Dignity	ថ្លៃថ្នូរ
Diplomatic	ការទូត
Honesty	ភាពស្មោះត្រង់
Humanity	មនុស្សជាតិ
Individualism	បុគ្គល
Integrity	សច្ចៈ
Kindness	សប្បុរស
Optimism	សុទិដ្ឋិនិយម
Patience	ការអត់ធ្មត់
Philosophy	ទស្សនវិជ្ជា
Rationality	ផ្ដោច់
Realism	វហាកជ
Reasonable	ហេតុផល
Respectful	គោព
Tolerance	អត់ធ្មត់
Values	តម្លៃ
Wisdom	ប្រាជ្ញា

Family
គ្រួសារ

Ancestor	បុព្វបុរស
Aunt	មីង
Brother	បងប្រុស
Child	កុមារ
Childhood	កុមារភាព
Cousin	បងប្អូនជីដូន
Daughter	កូនស្រី
Father	ឪពុក
Grandchild	ចៅ
Grandfather	ជីតា
Grandmother	យាយ
Husband	ប្ដី
Maternal	មាតា
Mother	ម៉ាក់
Nephew	ក្មួយប្រុស
Niece	នីស
Paternal	បាតង់
Sister	បងស្រី
Uncle	ពូ
Wife	ប្រពន្ធ

Farm #1
កសិដ្ឋាន #1

Agriculture	កសិកម្ម
Bee	ឃ្មុំ
Bison	បីសុន
Calf	កូនគោ
Cat	ឆ្មា
Chicken	មាន់ធា
Cow	គោ
Crow	ក្អែក
Dog	ឆ្កែ
Donkey	ជុនគី
Fence	របង
Fertilizer	ជី
Field	វាល
Goat	ពពៃ
Hay	ហៃ
Honey	ទឹកឃ្មុំ
Horse	សេះ
Rice	អង្ករ
Seeds	គ្រាប់
Water	ទឹក

Farm #2
កសិដ្ឋាន #2

Animals	សត្វ
Barley	ហាលី
Barn	ហាណ
Corn	ពពោត
Duck	ទា
Farmer	កសិករ
Food	អាហារ
Fruit	ផ្លែឈើ
Irrigation	ធារាសាស្ត្រ
Lamb	កូនចៀម
Llama	ឡាម៉ា
Meadow	មីដូវ
Milk	ទឹកដោះគោ
Orchard	ចម្ការ
Sheep	ចៀម
Tractor	ត្រាក់ទ័រ
Vegetable	បន្លៃ
Wheat	ស្រូវសាលី
Windmill	ម៉ាស៊ីនកិន

Food #1
មុខម្ហូបអាហារ#១

Apricot	ឡ្មុត
Barley	ហាលី
Basil	ជី
Carrot	ការ៉ុត
Cinnamon	សីននាម៉ុន
Garlic	ខ្ទឹម
Juice	ទឹក
Lemon	ក្រូចឆ្មា
Milk	ទឹកដោះគោ
Onion	គំ
Peanut	សណ្ដែកដី
Pear	ផ្លែរ
Salad	សាឡ្ដ
Salt	អំបិល
Soup	ស៊ុប
Spinach	ផ្ទី
Strawberry	ស្ត្របិរី
Sugar	ស្ករ
Tuna	ធូណា
Turnip	ស្ពៃ

Food #2
អាហារលេខ ២

English	Khmer
Apple	ផ្លែប៉ោម
Banana	ចេក
Bread	នំប៉័ង
Broccoli	ប្រ៉ុខលី
Celery	សលេរី
Cheese	ឈី
Cherry	ឈេរី
Chicken	មាន់នា
Chocolate	សូក្លា
Egg	ស៊ុត
Eggplant	ពងមាន់
Fish	ត្រី
Grape	ទំពាំងបាយ
Ham	ហាំ
Kiwi	គីវី
Mushroom	ផ្សិត
Rice	អង្ករ
Tomato	ប៉េងប៉ោះ
Wheat	ស្រូវសាលី
Yogurt	ដោះគោជូរ

Force and Gravity
កម្លាំងនិងទ្ងន់ទ្ងរ

English	Khmer
Axis	អ័ក្ស
Center	មជ្ឈមណ្ឌល
Discovery	រកឃ្ញើ
Distance	ចម្ងាយ
Dynamic	ថាមវន្ត
Expansion	ពង្រីក
Friction	ការកកិត
Magnetism	អញ្ជាញ្ញើ
Magnitude	វិទ័រ
Mechanics	មេកានិច
Motion	ចលនា
Orbit	គន្លង
Physics	រូបវិទ្យា
Planets	ភព
Pressure	សម្ពាធ
Properties	សម្បត្តិ
Speed	ល្បឿន
Time	ពេលវេលា
Universal	សកល
Weight	ទម្ងន់

Fruit
ផ្លែឈើ

English	Khmer
Apple	ផ្លែប៉ោម
Apricot	ឡ្មុត
Avocado	ផ្លែប័រ
Banana	ចេក
Berry	បឺរ
Blackberry	
Cherry	ឈេរី
Coconut	ដូ
Fig	ឪបភព
Grape	ទំពាំងបាយ
Kiwi	គីវី
Lemon	ក្រូចឆ្មា
Mango	ស្វាយ
Nectarine	នផេផរេន
Orange	ក្រូច
Papaya	ល្ហុង
Peach	ផ្លែប៉ែស
Pear	ផ្លែរ
Pineapple	ម្នាស់
Raspberry	រ៉ាស្ប៊ីរី

Garden
ស្ងនច្បារ

English	Khmer
Bench	កៅអី
Bush	ព្ម៉ើស
Fence	របង
Flower	ផ្កា
Garage	យានដ្ហាន
Garden	ស្ងន
Grass	ស្មៅ
Hammock	អង្រឹង
Hose	ទុយោ
Orchard	ចម្ការ
Pond	ស្រះ
Porch	រានហាល
Rake	ត្រួច
Shovel	ប៉ែ
Soil	ដី
Terrace	រាបស្មើ
Trampoline	ត្រាំភ្លីន
Tree	ដម៉ឈើ
Vine	វីន

Gardening
ការថែស្ងន

English	Khmer
Botanical	រុក្ខសាស្ត្រ
Bouquet	ភ្ង
Climate	អាកាសធាតុ
Compost	ជីកំប៉ុស
Container	ធុ
Dirt	ធូលី
Edible	បរិភោគ
Exotic	កម្រ
Floral	ផ្កា
Foliage	មូលប់
Hose	ទុយោ
Leaf	ស្លឹក
Moisture	សំណើម
Orchard	ចម្ការ
Seasonal	រដូវ
Seeds	គ្រាប់
Soil	ដី
Water	ទឹក

Geography
ភូមិសាស្ត្រ

Altitude	កំពស់
Atlas	គូលា
City	ទីក្រុង
Continent	ទ្វីប
Country	ប្រទេស
Hemisphere	អឌ្ឍគោល
Island	កោះ
Latitude	រយៈទទឹង
Map	ផែនទី
Meridian	មេរីឌៀន
Mountain	ភ្នំ
North	ខាងជើង
Ocean	មហាសមុទ្រ
Region	តំបន់
River	ទន្លេ
Sea	សមុទ្រ
South	ខាងត្បូង
Territory	ដី
West	ខាងលិច
World	ពិភពលោក

Geology
ភូតព្ភភាសាស្ត្រ

Acid	អាស៊ីត
Calcium	កាល់ស្យូម
Cavern	រូង
Continent	ទ្វីប
Coral	ផ្កាថ្ម
Crystals	គ្រីស្តាល់
Cycles	វដ្ត
Earthquake	រញ្ជួយដី
Erosion	សំណឹក
Fossil	ហ្វូ
Geyser	ក្បូរទេ
Lava	ឡាវ៉ា
Layer	ស្រទាប់
Minerals	រ៉ែ
Plateau	ខ្ពង់រាប
Quartz	វ៉ែថ្មខៀវ
Salt	អំបិល
Stalactite	ថ្មជាឡ្បាក់ទឹក
Stone	ថ្ម
Volcano	ភ្នំភ្លើង

Geometry
ធរណីមាត្រ

Angle	មុំ
Calculation	ការគណនា
Circle	រង្វង់
Curve	ខ្សែកោង
Diameter	អង្កត់ផ្ចិត
Dimension	វិមាត្រ
Equation	សមីការ
Height	កម្ពស់
Horizontal	ផ្ដេក
Logic	តក្ក
Mass	ម៉ាស
Median	មេដ្យាន
Number	ចំនួន
Parallel	ប៉ារ៉ាឡែល
Proportion	សមាមាត្រ
Segment	ផ្នែក
Surface	ផ្ទៃ
Symmetry	ឆ្លុះ
Theory	ទ្រឹស្ដី
Triangle	ត្រីកោណ

Government
រដ្ឋាភិបាល

Citizenship	២. ២
Civil	ស៊ីវិល
Constitution	ធម្មនុញ្ញ
Discussion	ការពិភាក្សា
District	ស្រុក
Equality	សមភាព
Independence	ជួយ
Judicial	តុលាការ
Justice	យុត្តិធម៌
Law	ច្បាប់
Leader	អ្នកដឹកនាំ
Liberty	សេរីភាព
Monument	វិមាន
Nation	ជាតិ
Peaceful	សន្តិភាព
Politics	នយោបាយ
Rights	សិទ្ធិ
Speech	សុន្ទរកថា
State	រដ្ឋ
Symbol	និមិត្តសញ្ញា

Hair Types
ប្រភេទសក់

Bald	ពក្រែ
Black	ខ្មៅទៅ
Blond	ប៊ីនត
Braids	ប្រវាសាក់
Brown	គ្រនពេត
Colored	ពណ៌
Curly	អង្កាញ់
Dry	ស្ងួត
Gray	ផះ
Healthy	សុខភាព
Long	ឡូង
Scalp	ក្បាល
Shiny	ភ្លឺចាំង
Short	ខ្លី
Silver	ប្រាក់
Soft	ទន់
Thick	ក្រាស់
Thin	ស្តើង
White	ស

Health and Wellness #1
សុខភាព និងសម្បុរស លខ១

Active	សកម្ម
Bacteria	ហាក់តេរី
Bones	ឆ្អឹង
Clinic	គ្លីនិក
Doctor	វេជ្ជបណ្ឌិត
Fracture	ការហាក់
Habit	ទម្លាប់
Height	កម្ពស់
Hormones	អរម៉ូន
Hunger	ឃ្លាន
Injury	របួស
Medicine	ថ្នាំ
Muscles	សាច់ដុំ
Nerves	សរសៃ
Pharmacy	ឱសថស្ថាន
Reflex	នូវបតិកម
Relaxation	សម្រាក
Skin	ស្បែក
Treatment	ការព្យាបាល
Virus	មេរោគ

Health and Wellness #2
សុខភាព និងសម្បុរស់ ទី២

Allergy	ហួសី
Anatomy	សាស្ត្រ
Appetite	ហា
Blood	ឈាម
Calorie	កាឡូរី
Dehydration	៤.
Diet	របបអាហារ
Disease	ជំងឺ
Energy	ថាមពល
Genetics	ហ្សែននៃ
Healthy	សុខភាព
Hospital	មន្ទីរពេទ្យ
Hygiene	អនាម័យ
Infection	ឆ្លងមេរោគ
Massage	ម៉ាស្សា
Nutrition	ជីវជាតិ
Recovery	ការងើប
Stress	តឹង
Vitamin	វីតាមីន
Weight	ទម្ងន់

Herbalism
ឱសថរុក្ខជាតិ

Aromatic	ក្រអូប
Basil	ជី
Beneficial	អត្ថប្រយោជន៍
Culinary	១.
Fennel	ហ្វេនែណល
Flavor	រសជាតិ
Flower	ផ្កា
Garden	សួន
Garlic	ខ្ទឹម
Green	បៃតង
Ingredient	គ្រឿងផ្សំ
Lavender	ឡាវេនឌឺ
Marjoram	ម៉ាជូរ៉ាម
Mint	នាទី
Oregano	អូរីហ្គាណូ
Parsley	ផាសលី
Plant	រុក្ខជាតិ
Rosemary	រ័ស្មារី
Saffron	រមៀត
Tarragon	តារ៉ាហ្គុន

Hiking
ការឡើងភ្នំ

Animals	សត្វ
Boots	ស្បែកជើង
Camping	ជំរុំ
Cliff	ច្រាំង
Climate	អាកាសធាតុ
Guides	មគ្គុទេសក៍
Hazards	គ្រោះថ្នាក់
Heavy	ធ្ងន់
Map	ផែនទី
Mountain	ភ្នំ
Nature	ធម្មជាតិ
Orientation	ទិស
Parks	ឧទ្យាន
Preparation	ការរៀបចំ
Stones	ថ្ម
Summit	ពូល
Sun	ព្រះអាទិត្យ
Water	ទឹក
Wild	ព្រៃ

House
ផ្ទះ

Attic	ជួនៅ
Broom	អ្នាម
Curtains	វាំងនន
Door	ទ្វារ
Fence	របង
Fireplace	ភ្លើងឌ
Floor	ជាន់
Furniture	គ្រឿងសង្ហារិម
Garage	យានដ្ឋាន
Garden	សួន
Keys	គ្រាប់ចុច
Kitchen	ផ្ទះបាយ
Lamp	ចង្កៀង
Library	បណ្ណាល័យ
Mirror	កញ្ចក់
Roof	ដំបូល
Room	បន្ទប់
Shower	ងូតទឹក
Wall	ជញ្ជាំង
Window	បង្អួច

Human Body
រាងកាយមនុស្ស

Ankle	ជើង
Blood	ឈាម
Bones	ឆ្អឹង
Brain	ខួរក្បាល
Chin	ចិន
Ear	ត្រចៀក
Elbow	កៃ
Face	មុខ
Finger	ម្រាមដៃ
Hand	ដៃ
Head	ក្បាល
Heart	បេះដូង
Jaw	ថ្គាម
Knee	ជង្គង់
Lips	បបូរមាត់
Mouth	មាត់
Neck	ក
Nose	ច្រមុះ
Shoulder	ស្មា
Skin	ស្បែក

Insects
សត្វល្អិត

Ant	ស្រមោច
Bee	ឃ្មុំ
Beetle	បត្តេល
Butterfly	មេអំបៅ
Cicada	សឹកាដា
Cockroach	កន្លាត
Dragonfly	កន្ទុំរុយ
Flea	ចៃ
Grasshopper	កណ្ដូប
Hornet	ប៊ិន
Ladybug	អង្គត៌មាស
Locust	កណ្ដូរ
Mantis	ម៉ាន់ធីស
Mosquito	មូស
Moth	ខៃ
Termite	កណ្ដុរ
Wasp	ឪម៉ា
Worm	ជង្ក្វ

Jazz
ហ្សាស

Album	អាល់ប៊ុម
Artist	សិល្បករ
Composition	សមាសភាព
Concert	ប្រគុំតន្ត្រី
Drums	ស្គរ
Famous	ល្បី
Favorites	សំណព្វ
Genre	ប្រភេទ
Improvisation	អភិវឌ្ឍន៍
Music	តន្ត្រី
New	ថ្មី
Old	ចាស់
Orchestra	ភ្លេង
Rhythm	ចង្វាក់
Song	ចម្រៀង
Style	នាប់ទុម
Talent	ទេពកោសល្យ
Technique	បច្ចេកទេស

Kitchen
ផ្ទះបាយ

Apron	អាវអៀម
Bowl	ចាន
Chopsticks	ចង្កឹះ
Cups	ពែង
Food	អាហារ
Forks	បណ្ដពោយ
Freezer	ទឹកកក
Grill	អាំង
Jar	ថា
Jug	កកអម
Kettle	កមស្ងួយ
Knives	កាំបិត
Ladle	សម្លរ
Napkin	កន្សែង
Oven	ឡ
Recipe	របមនុត
Refrigerator	ទូរទឹកកក
Spices	គ្រឿងទេស
Sponge	អប៉ុង
Spoons	ព្រា

Landscapes
ទេសភាព

Beach	ឆ្នេរ
Cave	គុហា
Cliff	ច្រាំង
Cove	ឋម
Desert	វាលខ្សាច់
Dunes	ដំ
Geyser	ក្ដៅៗ
Iceberg	ផ្ទាំងទឹក
Island	កោះ
Lake	បឹង
Mountain	ភ្នំ
Oasis	ខ្សាច់
Ocean	មហាសមុទ្រ
Peninsula	ឧបទ្វីប
River	ទន្លេ
Sea	សមុទ្រ
Swamp	វាលភក
Valley	ជ្រលង
Volcano	ភ្នំភ្លើង
Waterfall	ទឹកជ្រោះ

Literature
អក្សរសាស្ត្រ

Analogy	ស្របៗ
Analysis	ការវិភាគ
Anecdote	រៀបរាប់
Author	និពន្ធ
Biography	ជីវប្រវត្តិ
Conclusion	សេចក្ដីសន្និ
Critique	ការរិះ
Dialogue	ការសន្ទនា
Fiction	ប្រឌិត
Genre	ប្រភេទ
Metaphor	មតេផូរ
Novel	ប្រលោមលោក
Opinion	មតិ
Poem	ពួយ
Poetic	កំណាព្យ
Rhyme	ផ្ន
Rhythm	ចង្វាក់
Style	នាប់ទុម
Theme	ស្បកៃ
Tragedy	សោកនាដកម្ម

Mammals
ថនិកសត្វ

Bear	ខ្លាឃ្មុំ
Beaver	សត្វកាស្ទ័រ
Bull	គោ
Camel	ខ្មេល
Cat	ឆ្មា
Coyote	ខ្លាឃ្មី
Dog	ឆ្កែ
Dolphin	ផ្សសោត
Elephant	ដំរី
Fox	កញ្ជ្រោង
Giraffe	សត្វហ្សី
Gorilla	គូស្វា
Horse	សេះ
Kangaroo	ឆ្លូ
Lion	តោ
Monkey	ស្វា
Rabbit	ទន្សាយ
Sheep	ចៀម
Whale	ត្រីបាឡែន
Wolf	ចចក

Measurements
ការវាស់

Byte	បៃ
Centimeter	ម៉ៃ
Decimal	ទសភាគ
Degree	សញ្ញាប័ត្រ
Depth	ជម្រៅ
Gram	ក្រាម
Height	កម្ពស់
Inch	អ៊ី
Kilogram	គីឡូក្រាម
Kilometer	គីឡូម៉ែត្រ
Length	ប្រវែង
Liter	លី
Mass	ម៉ាស
Meter	ម៉ែត្រ
Minute	នាទី
Ounce	អោន
Ton	តោន
Volume	បរិមាណ
Weight	ទម្ងន់
Width	ទទឹង

Meditation
សមាធិ

Awake	ភ្ញាក់
Breathing	ដង្ហើម
Calm	ស្ងប់ស្ងាត់
Clarity	ច្បាស់លាស់
Emotions	អារម្មណ៍
Gratitude	ដឹងគុណ
Habits	ទម្លាប់
Happiness	សុភមង្គល
Kindness	សប្បុរស
Mental	ផ្លូវចិត្ត
Mind	ចិត្ត
Movement	ចលនា
Music	តន្ត្រី
Nature	ធម្មជាតិ
Peace	សន្តិភាព
Perspective	ទស្សនៈ
Posture	គំរូយាបថ
Silence	ស្ងាត់ៗ
Teachings	ការបង្រៀន
Thoughts	គំនិត

Music
តន្ត្រី

Album	អាល់ប៊ុម
Ballad	ហាឡាដ
Chorus	បន្ទរ
Classical	បុរាណ
Eclectic	សម្ព័ាង
Harmonic	ម៉្លូ
Harmony	សុខដុម
Instrument	ឧបករណ៍
Lyrical	ចម្រៀង
Melody	ភ្លេង
Microphone	មីក្រូហ្វូន
Musical	តន្ត្រី
Musician	តន្ត្រីករ
Opera	ល្ខោន
Poetic	កំណាពួយ
Recording	ថត
Rhythmic	ចង្វាក់
Sing	ច្រៀង
Singer	តារាចម្រៀង
Vocal	សំឡេង

Musical Instruments
តន្ត្រីឧបករណ៍

Bassoon	នយ
Cello	សឡេឡ
Clarinet	ខ្លីណេត
Drum	ស្គរ
Flute	ផ្លុំ
Gong	គង់
Guitar	ហ្គីតា
Harmonica	ហាម៉្នីកា
Harp	ពិណ
Mandolin	ម៉ង់ដូលីន
Marimba	ម៉ារីមបា
Oboe	តន្ត្រី
Percussion	គ្រោះ
Piano	ពយាណូ
Saxophone	ឡ្យែ
Tambourine	ក្រាប់
Trombone	ឆ្លុំ
Trumpet	គ្រវែ
Violin	វីយូឡុង

Mythology
ទេវកថា

Archetype	គំ
Behavior	គំរូយាបថ
Beliefs	ជំនឿ
Creature	សត្វ
Culture	វប្បធម៌
Disaster	មហន្តរាយ
Heaven	ឋានស្ថគី
Hero	វីរៈបុរស
Immortality	អមតៈ
Jealousy	ច្រណែន
Labyrinth	ពូរ៉ៃ
Legend	រឿងព្រេង
Lightning	ផ្លេកបន្ទោរ
Magical	វេទមន្ត
Monster	បិសាច
Revenge	សងសឹក
Strength	កម្លាំង
Thunder	ផ្គរលាន់
Warrior	អ្នកចម្បាំង

Numbers
លេខ

Decimal	ទសភាគ
Eight	ប្រាំបី
Eighteen	ដប់ប្រាំបី
Four	បួន
Fourteen	ដប់បួន
Math	គណិត
Nine	ប្រាំបួន
Nineteen	ដប់ប្រា
One	មួយ
Seven	ប្រាំពីរ
Seventeen	ដប់ប្រាំ
Six	ប្រាំ
Sixteen	ដប់ប្រាំមួយ
Ten	ដប់
Thirteen	ដប់បី
Three	បី
Twelve	ដប់ពីរ
Twenty	ម្ភៃ
Two	ពីរ
Zero	សូន្យ

Nutrition
អាហារូបត្ថម្ភ

Appetite	ហា
Balanced	តុល្យភាព
Bitter	ជូរ
Calories	កាឡូរី
Carbohydrates	កាបូអ៊ីដ្រាត
Diet	របបអាហារ
Digestion	ការរំលាយ
Edible	បរិភោគ
Fermentation	មេ
Flavor	រសជាតិ
Habits	ទម្លាប់
Health	សុខភាព
Liquids	រ
Proteins	ប្រូតេអ៊ីន
Quality	គុណភាព
Sauce	ទឹកជ្រលក់
Spices	គ្រឿងទេស
Toxin	ជាតិពុល
Vitamin	វីតាមីន
Weight	ទម្ងន់

Ocean
មហាសមុទ្រ

Algae	សារាយ
Coral	ផ្កាថ្ម
Crab	ក្តាម
Dolphin	ផ្សោត
Eel	អន្ទង់
Fish	ត្រី
Jellyfish	ចាហួយ
Octopus	ហ្គី
Oyster	គារ
Reef	ថ្មប្រះ
Salt	អំបិល
Seaweed	សារ៉ាយ
Shark	ត្រីឆ្លាម
Shrimp	បង្គា
Sponge	អប៉ុង
Storm	ព្យុះ
Tuna	ធូណា
Turtle	អណ្ដើក
Waves	រលក
Whale	ត្រីបាឡែន

Pets
សត្វចិញ្ចឹម

Cat	ឆ្មា
Claws	ក្រញ៉ាំ
Collar	អ៊ារ
Cow	គោ
Dog	ឆ្កែ
Fish	ត្រី
Food	អាហារ
Goat	ពពែ
Hamster	ហាមស្ទើ
Kitten	ឆ្មា
Lizard	សត្វ
Mouse	កណ្ដុរ
Parrot	សេក
Rabbit	ទន្សាយ
Tail	កន្ទុយ
Turtle	អណ្ដើក
Veterinarian	ពេទ្យសត្វ
Water	ទឹក

Philanthropy
សប្បុរសធម៌

Challenges	បញ្ហាប្រឈម
Charity	សប្បុរ
Children	កុមារ
Community	សហគមន៍
Contacts	ទំនាក់ទំនង
Finance	ហិរញ្ញវត្ថុ
Funds	មូលនិធិ
Generosity	សប្បុរស
Global	សកល
Goals	គោលដៅ
Groups	ក្រុម
Honesty	ភាពស្មោះត្រង់
Humanity	មនុស្សជាតិ
Mission	បេសកកម្ម
Need	ត្រូវការ
People	មនុស្ស
Programs	កម្មវិធី
Public	សាធារណៈ
Youth	យុវជន

Physics
រូបវិទ្យា

Acceleration	ល្បឿន
Atom	អាតូម
Chaos	ចលាចល។
Chemical	គីមី
Density	ដង់ស៊ីតេ
Electron	អេឡិចត្រុង
Engine	ម៉ាស៊ីន
Expansion	ពង្រីក
Experiment	ពិសោធន៍
Formula	រូបមន្ត
Frequency	ប្រេកង់
Gas	ហ្គាស
Magnetism	អញ្ជជញ្ញី
Mass	ម៉ាស
Mechanics	មេកានិច
Molecule	ម៉ូលេគុល
Nuclear	នុយក្លេអ៊ែរ
Particle	ភាគល្អិត
Relativity	ទាក់ទិនទ
Universal	សកល

Plants
រុក្ខជាតិ

Bamboo	ឫស្សី
Bean	សណ្ដែក
Berry	បឺរ
Botany	ពព្ញ
Bush	ព្រិស
Cactus	កាការ
Fertilizer	ជី
Flora	ផ្កាស័រ
Flower	ផ្កា
Foliage	មូលប់
Forest	ព្រៃ
Garden	សួន
Grass	ស្មៅ
Ivy	វល្លិ
Moss	ស្លែ
Petal	ផ្កាគោល
Root	ឫស
Stem	ដម
Tree	ដើមឈើ
Vegetation	បន្លែ

Politics
នយោបាយ

Activist	សកម្មជន
Campaign	យុទ្ធនាការ
Candidate	បេក្ខជន
Choice	ជម្រើស
Committee	២. ២
Council	ក្រុមប្រឹ
Equality	សមភាព
Ethics	សីលធម៌
Freedom	សេរីភាព
Government	រដ្ឋាភិបាល
National	ជាតិ
Opinion	មតិ
Policy	គោលនយោបាយ
Politician	អ្នកនយោបាយ
Popularity	ប្រជាប្រិយភាព
Strategy	យុទ្ធសាស្ត្រ
Taxes	ពន្ធ
Victory	ជ័យជំនះ

Professions #1
វិជ្ជាជីវៈលេខ 1

Ambassador	ឯកអគ្គរាជទូត
Astronomer	តារាវិទូ
Attorney	មេធាវី
Banker	មរ
Cartographer	រុយ
Coach	គ្រូបង្វឹក
Dancer	អ្នករាំ
Doctor	វេជ្ជបណ្ឌិត
Editor	អ្នកនិពន្ធ
Geologist	ភូគព្ភសាស្ត្រ
Hunter	ហិនវ័រ
Jeweler	ជួរ
Musician	តន្ត្រីករ
Nurse	គិលានុបុដ្ឋ
Pharmacist	ឱសថការី
Pianist	អ្នកលេងព្យ៉ា
Plumber	បំពង់ទឹក
Psychologist	ចិត្តវិទូ
Tailor	ជរ
Veterinarian	ពទ្យសត្វ

Professions #2
វិជ្ជាជីវៈលេខ ២

Astronaut	អវកាសយានិក
Biologist	ជី
Chemist	គីមីវិទ្យា
Dentist	ធ្មេញ
Engineer	វិស្វករ
Farmer	កសិករ
Gardener	សួន
Illustrator	គំនូរ
Inventor	បង្កក្ត
Journalist	កាសែត
Librarian	បណ្ណណារក្ស
Linguist	ភាសាវិទ្យា
Painter	វិចិត្រករ
Philosopher	ទស្សនវិទ្យ
Photographer	អ្នកថតរូប
Physician	គ្រូពេទ្យ
Researcher	ស្រាវជ្រាវ
Surgeon	គ្រូពេទ្យវះកាត់
Teacher	គ្រូ
Zoologist	សួនសត្វ

Restaurant #1
ភោជនីយដ្ឋាន #1

Allergy	ហួសី
Bowl	ចាន
Bread	នំប៉័ង
Cashier	លុយ
Chicken	មាន់ផា
Coffee	កាហ្វេ
Dessert	បង្អែម
Food	អាហារ
Ingredients	គ្រឿងផ្សំ
Kitchen	ផ្ទះបាយ
Knife	កាំបិត
Meat	សាច់
Menu	ម៉ឺនុយ
Napkin	កន្សែង
Reservation	ការកក់
Sauce	ទឹកជ្រលក់
Spicy	ហឹរ
Waitress	អ្នករត់តុ

Restaurant #2
ភោជនីយដ្ឋាន #2

Cake	នំ
Chair	កៅអី
Delicious	ឆ្ងាញ់
Dinner	ពេលល្ងាច
Eggs	ស៊ុត
Fish	ត្រី
Fork	សម
Fruit	ផ្លែឈើ
Ice	ទឹកកក
Noodles	មី
Salad	សាឡាត
Salt	អំបិល
Soup	ស៊ុប
Spices	គ្រឿងទេស
Spoon	ស្លាបព្រា
Vegetables	បន្លែ
Waiter	អ្នករត់តុ
Water	ទឹក

Science
វិទ្យាសាស្ត្រ

Atom	អាតូម
Chemical	គីមី
Climate	អាកាសធាតុ
Data	ទិន្នន័យ
Evolution	ការវិវត្តន៍
Experiment	ពិសោធន៍
Fact	ការពិត
Fossil	ហ្វូ
Gravity	ផ្ទង់ផ្ទរ
Hypothesis	សម្មតិកម្ម
Laboratory	មន្ទីរពិសោធន៍
Method	វិធីសាស្ត្រ
Minerals	រ៉ែ
Molecules	ម៉ូលេគុល
Nature	ធម្មជាតិ
Organism	សរីរាង្គ
Particles	ភាគល្អិត
Physics	រូបវិទ្យា
Plants	រុក្ខជាតិ

Science Fiction
វិទ្យាសាស្ត្របុរេឧទ្ទិ

Atomic	អាតូមិក
Books	សៀវភៅ
Chemicals	គីមី
Cinema	ភាពយន្ត
Distant	ឆ្ងាយ
Explosion	ការផ្ទុះ
Extreme	ខ្លាំង
Fantastic	អស្ចារ្យ
Fire	ភ្លើង
Futuristic	អនាគត
Galaxy	កាឡាក់ស៊ី
Illusion	ការបំភាន់
Imaginary	ស្រមៃ
Mysterious	អាថ៌កំបាំង
Planet	ភពនៃដី
Robots	មនុស្សយន្ត
Scenario	សណ្ណើរយ៉ូ
Technology	បច្ចេកវិទ្យា
Utopia	សង្គម
World	ពិភពលោក

Scientific Disciplines
វិទ្យាសាស្ត្រវិញ្ញាសា

Anatomy	សាស្ត្រ
Archaeology	បុរាណវិទ្យា
Biochemistry	សាយនវិទ្យា
Biology	ជីវវិទ្យា
Botany	ប្ញ
Chemistry	គីមីវិទ្យា
Ecology	វិទ្យា
Geology	ភូគព្ភសា
Immunology	ភាពស៊ាំ
Linguistics	ភាសាវិទ្យា
Mechanics	មកោនិច
Meteorology	ឧតុនិយម
Mineralogy	រ៉ែ
Neurology	ប្រសាទ
Nutrition	ជីវជាតិ
Physiology	សរីរវិទ្យា
Psychology	ចិត្តវិទ្យា
Sociology	សង្គមវិទ្យា
Thermodynamics	ទ ែ
Zoology	សួនសត្វ

Shapes
រាង

Arc	ធ្នូ
Circle	រង្វង់
Cone	កោ
Corner	ជ្រុង
Cube	គូ
Curve	ខ្សកែោង
Cylinder	សីឡាំង
Edges	គមែ
Ellipse	ពងក្រពើ
Hyperbola	អីពប៉ែល
Line	បន្ទាត់
Oval	ក្រពើ
Prism	ព្រីស
Pyramid	ពីរ៉ាមីត
Rectangle	ចតុកោណ
Round	ជុំ
Side	ចំហៀង
Square	ការ៉េ
Triangle	ត្រីកោណ

Spices
គ្រឿងទសេ

Anise	អានី
Bitter	ជូរ
Cardamom	ក្រ
Cinnamon	សីនណាម៉ុន
Cumin	ផ្កា
Curry	រី
Fennel	ហ្វនេណល
Flavor	រសជាតិ
Garlic	ខ្ទឹ
Ginger	ខ្ញី
Licorice	ស្បែ
Nutmeg	គ្រឹះ
Onion	គំ
Paprika	ប្លោក
Pepper	ម្រេច
Saffron	រមៀត
Salt	អំបិល
Sweet	ផ្អមែ
Vanilla	វ៉ានីឡា

Sport
កីឡា

Ability	សមត្ថភាព
Athlete	អត្តពលិក
Body	រាងកាយ
Bones	ឆ្អឹង
Coach	គ្រូបង្វឹក
Cycling	ជិះកង់
Dancing	រាំ
Diet	របបអាហារ
Goal	គោលដៅ
Health	សុខភាព
Jogging	ការរត់
Maximize	បង្កនី
Metabolic	រំ
Muscles	សាច់ដុំ
Nutrition	ជីវជាតិ
Program	កម្មវិធី
Sports	កីឡា
Strength	កម្លាំង

Technology
បច្ចេកវិទ្យា

Blog	ប្លុក
Browser	កម្មវិធីរុករក
Bytes	បៃ
Camera	កាមេរ៉ា
Computer	កុំព្យូទ័រ
Cursor	ទស្សន៍ទ្រ
Data	ទិន្នន័យ
Digital	ឌី
File	ឯកសារ
Font	ពុម្ពអក្សរ
Internet	អិនធឺណិ
Message	សារ
Research	ការស្រាវជ្រាវ
Screen	អេក្រង់
Security	សន្តិសុខ
Software	កម្មវិធី
Statistics	ស្ថិតិ
Virtual	និម្មិត
Virus	មរោគ

The Company
ក្រុមហ៊ុន

Business	អាជីវកម្ម
Creative	ច្នៃប្រឌិត
Decision	សម្រេចចិត្ត
Employment	ការងារ
Global	សកល
Industry	ឧស្សាហកម្ម
Investment	ការវិនិយោគ
Possibility	លទ្ធភាព
Presentation	បទបង្ហាញ
Product	ផលិតផល
Professional	វិជ្ជាជីវៈ
Progress	វឌ្ឍនភាព
Quality	គុណភាព
Reputation	កេរ្តិ៍
Resources	ធនធាន
Revenue	ចំណូល
Risks	ហានិភ័យ
Trends	និន្នាការ

The Media
ឬរព័ន្ធឯធផ្សព្វផ្សាយ

Commercial	ពាណិជ្ជជ
Digital	ឌី
Edition	បោះពុម្ព
Education	ការអប់រំ
Facts	ការពិត
Images	រូបភាព
Individual	បុគ្គល
Industry	ឧស្សាហកម្ម
Intellectual	បញ្ញា
Local	ក្នុងស្រុក
Network	ណែតវ៉ាញ
Newspapers	កាសែត
Online	អនឡាញ
Opinion	មតិ
Photos	រូបថត
Public	សាធារណៈ
Radio	វិទ្យុ
Television	ទូរទស្សន៍

Time
ពេលវេលា

Annual	ឬរចាំឆ្នាំ
Before	មុន
Calendar	ឬរតិទិន
Century	វត្ស
Clock	នាឡិកា
Day	ថ្ងៃ
Decade	ទសវត្សរ៍
Early	ដម្បី
Future	អនាគត
Hour	ម៉ោង
Minute	នាទី
Month	ខែ
Morning	ព្រឹក
Night	យប់
Noon	រសៀល
Now	ឥឡូវ
Soon	ឆាប់ៗនេះ
Today	ថ្ងៃនេះ
Week	សប្ដាហ៍
Year	ឆ្នាំ

Town
ទីឬរជុំជន

Airport	ព្រលាន
Bakery	នំប៉័ង
Bank	ធនាគារ
Bookstore	សៀវភៅ
Cinema	ភាពយន្ត
Clinic	គ្លីនិក
Florist	ហាងលក់ផ្កា
Gallery	វិចិត្រសាល
Hotel	សណ្ឋាគារ
Library	បណ្ណាល័យ
Market	ទីផ្សារ
Museum	សារមន្ទីរ
Pharmacy	ឱសថស្ថាន
School	សាលារៀន
Stadium	កីឡដ្ឋាន
Store	ហាង
Supermarket	ផ្សារទំនើប
Theater	ល្ខោន
University	សាកលវិទ្យាល័យ
Zoo	សួនសត្វ

Universe
សកលលោក

Asteroid	អាចម៍
Astronomer	តារាវិទូ
Astronomy	វិទ្យា
Atmosphere	បរិយាកាស
Celestial	ស្ទាល
Cosmic	ខួសមីក
Darkness	ងងឹត
Eon	អីអន
Equator	ក្បូវ៉ាំ
Galaxy	កាឡាក់ស៊ី
Hemisphere	អឌ្ឍគោល
Horizon	ផ្តតេ
Latitude	រយៈទទឹង
Moon	ព្រះចន្ទ
Orbit	គន្លង
Sky	មេឃ
Solar	ព្រះអាទិត្យ
Solstice	ស៊ី
Visible	មើលឃើញ
Zodiac	ឆ្នាំ

Vacation #2
វិស្សមកាល #2

Airport	ព្រលាន
Beach	ឆ្នេរ
Camping	ជំរ
Foreign	បរទេស
Foreigner	ជនបរទេស
Holiday	ថ្ងៃឈប់សម្រាក
Hotel	សណ្ឋាគារ
Island	កោះ
Journey	ផ្លូវដំណើរ
Leisure	កំសាន្ត
Map	ផែនទី
Mountains	ភ្នំ
Passport	លិខិតឆ្លងដែន
Restaurant	ភោជនីយដ្ឋាន
Sea	សមុទ្រ
Taxi	តាក់ស៊ី
Tent	តង់
Train	រថភ្លើង
Transportation	ដឹកជញ្ជូន
Visa	វីសា

Vegetables
បន្លែ

Broccoli	ផ្កាខ្យល់
Carrot	ការ៉ុត
Cauliflower	ស្ពៃ
Celery	សឡេរី
Cucumber	ត្រ
Eggplant	ពងមាន់
Garlic	ខ្ទឹម
Ginger	ខ្ញី
Mushroom	ផ្សិត
Olive	អូលីវ
Onion	គ
Parsley	ផាសលី
Pea	វាំង
Potato	ដំឡូង
Pumpkin	ល្ពៅ
Radish	រ៉ាឌីស
Salad	សាឡាត់
Spinach	ផ្ទី
Tomato	ប៉េងប៉ោះ
Turnip	ស្ពៃ

Vehicles
យានជំនិះ

Airplane	យន្តហោះ
Ambulance	សង្គ្រោះ
Bicycle	កង់
Boat	ទូក
Bus	រថយន្ដ
Car	ឡាន
Caravan	លក្ខ
Engine	ម៉ាស៊ីន
Ferry	ជិះ
Helicopter	ឧទ្ធម្ភាគចក្រ
Motor	ម៉ូតូ
Raft	ក្បូន
Rocket	រ៉ុកខេត
Shuttle	យាន
Submarine	នាវាមុជទឹក
Subway	ផ្លូវក្រោមដី
Taxi	តាក់ស៊ី
Tires	សំបកកង់
Tractor	ត្រាក់ទ័រ
Truck	រថយន្តដឹក

Visual Arts
សិល្បៈទស្សនីយភាព

Architecture	ស្ថាបត្យកម្ម
Artist	សិល្បករ
Ceramics	រ៉ា
Chalk	ដី
Clay	ដីឥដ្ឋ
Composition	សមាសភាព
Creativity	ច្នៃប្រឌិត
Film	ភាពយន្ត
Masterpiece	មេ
Painting	គំនូរ
Pen	ប៉ែន
Pencil	ខ្មៅ
Perspective	ទស្សនៈ
Photograph	រូបថត
Portrait	បញ្ឈរ
Sculpture	ចម្លាក់
Stencil	ស្តិនស៊ីល
Wax	ក្រ

Water
ទឹក។

Canal	កាណាល់
Drinkable	អាចផឹកហន។
Evaporation	ហួត
Flood	ទឹកជំនន់
Frost	សាយសត្វ
Geyser	ក្ដុកៅ
Hurricane	ព្យុះ
Ice	ទឹកកក
Irrigation	ធារាសាស្ត្រ
Lake	បឹង
Moisture	សំណើម
Monsoon	មូសុង
Ocean	មហាសមុទ្រ
Rain	ភ្លៀង
River	ទន្លេ
Shower	ងូតទឹក
Snow	ព្រិល
Steam	ចំហុយ
Waves	រលក

Weather
អាកាសធាតុ

Atmosphere	បរិយាកាស
Calm	ស្ងប់ស្ងាត់
Climate	អាកាសធាតុ
Cloud	ពពក
Dry	ស្ងួត
Flood	ទឹកជំនន់
Fog	អ័ព្ទ
Humid	សើម
Ice	ទឹកកក
Lightning	រន្ទះ
Monsoon	មូសុង
Polar	ប៉ូ
Rainbow	ឥន្ទធនូ
Sky	មេឃ
Storm	ព្យុះ
Temperature	សីតុណ្ហភា
Thunder	ផ្គរ
Tornado	ព្យុះ
Tropical	ត្រូពិច
Wind	ខ្យល់

Congratulations

You made it!

We hope you enjoyed this book as much as we enjoyed making it. We do our best to make high quality games.
These puzzles are designed in a clever way for you to learn actively while having fun!

Did you love them?

A Simple Request

Our books exist thanks your reviews. Could you help us by leaving one now?

Here is a short link which will take you to your order review page:

BestBooksActivity.com/Review50

MONSTER CHALLENGE!

Challenge #1

Ready for Your Bonus Game? We use them all the time but they are not so easy to find. Here are **Synonyms**!

Note 5 words you discovered in each of the Puzzles noted below (#21, #36, #76) and try to find 2 synonyms for each word.

Note 5 Words from *Puzzle 21*

Words	Synonym 1	Synonym 2

Note 5 Words from *Puzzle 36*

Words	Synonym 1	Synonym 2

Note 5 Words from *Puzzle 76*

Words	Synonym 1	Synonym 2

Challenge #2

Now that you are warmed-up, note 5 words you discovered in each Puzzle noted below (#9, #17, #25) and try to find 2 antonyms for each word. How many lines can you do in 20 minutes?

Note 5 Words from **Puzzle 9**

Words	Antonym 1	Antonym 2

Note 5 Words from **Puzzle 17**

Words	Antonym 1	Antonym 2

Note 5 Words from **Puzzle 25**

Words	Antonym 1	Antonym 2

Challenge #3

Wonderful, this monster challenge is nothing to you!

Ready for the last one? Choose your 10 favorite words discovered in any of the Puzzles and note them below.

1.	6.
2.	7.
3.	8.
4.	9.
5.	10.

Now, using these words and within a maximum of six sentences, your challenge is to compose a text about a person, animal or place that you love!

Tip: You can use the last blank page of this book as a draft!

Your Writing:

Explore a Unique Store
Set Up **FOR YOU!**

MEGA DEALS

BestActivityBooks.com/**TheStore**

Designed for Entertainment!

Light Up Your Brain With Unique **Gift Ideas**.

Access **Surprising** And **Essential Supplies!**

CHECK OUT OUR MONTHLY SELECTION NOW!

- Expertly Crafted Products -

NOTEBOOK:

SEE YOU SOON!

Linguas Classics Team